AF469528

HENRI BERALDI

CENT ANS

AUX

PYRÉNÉES

— ★ ★ ★ —

Russell.
Packe. — Les Pyrénées sauvages.
La Société Ramond.
Nansouty.

RUSSELL.

PARIS
1900.

CENT ANS

AUX

PYRÉNÉES

HENRI BERALDI

CENT ANS

AUX

PYRÉNÉES

— ★ ★ ★ —

Russell.
Packe. — Les Pyrénées sauvages.
La Société Ramond.
Nansouty.

RUSSELL.

PARIS
1900.

1860-1900.

Voici la grande époque : 1860-1888. Assaut furieux
doublé d'une exploration à fond. Et recommencement
total de la découverte des Pyrénées. — Mais non redite.
Nulle répétition. Immensément d'inédit quant au fond.
Et tout, absolument tout, renouvelé par l'allure.

Quand ils eurent tué Roland, les Basques s'exclamèrent,
(*dans le* chant d'Altabiçar, *vrai ou apocryphe*) : « C'est
bien fait! Si Dieu a fait les montagnes, c'est précisément
pour que les hommes ne les franchissent pas. »

L'allégation est pour faire sourire l'homme du milieu
du XIX° siècle, qui troue les montagnes, passe au travers,
les supprime ; après quoi il s'amuse à grimper dessus.
Une race nouvelle est venue, d'hommes que la littérature
primitive eût appelés des « Titans », et qui sont, plus
simplement, des « grimpeurs », des « montagnards ».

Auparavant, il y avait des contrebandiers et des
chasseurs, des guides, des savants et des officiers,
même des vainqueurs de sommets ; on « montait » :
Mont-Blanc et Mont-Perdu, Pic d'Ossau et Yungfrau,
Balaïtous et Pelvoux, Vignemale, Néthou, Néouvielle....

Mais grimper est autre chose.

Les montagnards! citadins énergiques, las de la vie intensive des villes et cherchant, l'été, le repos intellectuel et la réfection physique dans les fonds les plus sauvages et vivifiants des montagnes. Transformation des idées! Ce qui jadis était qualifié d' « horreur », de « paysage repoussant », c'est cela maintenant qui est le beau.

Les grimpeurs! friands de pics, surtout friands de priorités sur les pics; âpres à la découverte.

Race agile et sportive; rien de commun avec les « gravisseurs ». Elle monte autrement, voit et sent autrement, dit autrement. Elle frappe les Pyrénées du talon, et un monde nouveau surgit: Arrassas, Malibierne, Grégonio, Béciberi, Estagn de Mar, Munia, Coticilla, Pic d'Enfer, Bramatuero, Bondeillos, Frondeilla, Tendénère, Rodeillar, Suelsa, Anayet, revers Sud des Monts-Maudits, et, plus que tout, partie haute du cirque de Gavarnie, révélée dans ses proportions colossales. Et le mystérieux et africain Aragon déchiffré. Et les pics déjà « faits », renouvelés par les circonstances d'heure, de saison, de point d'attaque, de difficulté.

Révolution, par suite, dans la littérature. Plus de livres de vallées, ils seraient ridicules. Les livres d'établissements thermaux restent possibles, mais doivent se tenir au courant des régions hautes. — Au fait! il n'y a plus de livres : ils sont remplacés par des articles de revues. Aux grimpeurs — qui ne font rien sans le dire — il faut, pour narrer leurs exploits, des périodiques spéciaux (ceci, inquiétant).

Les récits de sommets règnent : techniques, précis, révélateurs; musculeux, ardus, prolixes bientôt, mais aux Pyrénées jamais secs: parce que tout grimpeur des Pyrénées est un amoureux des Pyrénées : le soleil le pénètre.

Récits décisifs, classiques, qui fixent la connaissance

pittoresque de toute la chaîne : comptes-rendus touffus de courses en apparence enchevêtrées et inextricables, qu'il faut ramener à l'ordonné et à l'essentiel.

Le finale pyrénéiste est merveilleusement agencé :
Introduction par des chefs d'attaque, guides célèbres : Chapelle, les deux premiers Passet.
Grand duo Packe-Russell.
Russell, un moment, occupe seul la scène et la remplit. Figure d'exception ! Grimpeur avant vingt ans ; fameux à trente, mais mal compris des profanes qui ne voient en lui qu'un ascensionniste outré et paradoxal ; à quarante, célèbre : ayant mis à sac la chaîne entière, et marqué les hautes régions des Pyrénées de son ineffaçable empreinte dans une série d'articles où il réconcilie le positif de l'escalade avec la grande poésie des sommets.
Entrée du chœur (la Société Ramond).
Intermède luchonnais, à couleur locale (Liégeard).
Trio : Lequeutre, l'homme du Nord, marcheur forcené, amoureux des Pyrénées ardent, mais contenu ; Wallon l'homme du Midi, ardent et débordant ; Schrader, en qui revit la passion de Ramond pour le Mont-Perdu.
Entrée du soldat résolu, sympathique : Nansouty, représentant la conquête durable, utilitaire. Il n'achète pas de châteaux sur ses économies, mais au sommet des Pyrénées il construit un observatoire...

(A suivre).

RUSSELL

—

I

SEUL AU MONT-PERDU.

Une après-midi de septembre 1858, un ascensionniste
de vingt-quatre ans fuyait à enjambées formidables — il
pouvait les faire telles — du Mont-Perdu vers la brèche de
Roland. Non pas fuite affolée de l'homme en complète
perdition; mais retraite savante du montagnard qui, surpris
à trois mille mètres par une tempête d'équinoxe, joue serré
contre les éléments, et calcule le salut.

Deux fois, cette même année, le jeune homme, accompagné de guides, était monté au Mont-Perdu, pour ne rien
voir. Nuages impitoyables sur les sommets.

Alors il avait osé former le projet de reprendre l'ascension
seul, sans guide, et en vingt-quatre heures, de Luz : de
minuit à minuit.

Il était parti à cheval, mais dès la gorge de l'Échelle son
poney pris de la terreur de la nuit se dérobait, se
convulsait, menaçait de jeter son cavalier au précipice, tout
juste sous la rassurante inscription de Saint-Amans et
Dusaulx qui recommande de contempler le dit précipice

« d'une âme ferme et d'un œil assuré... le fier génie
de ces montagnes défend d'y trembler désormais... » etc.
Le voyageur ne trembla pas, mais il descendit.

Continuant à pied, il arrivait à Gavarnie à cinq heures
du matin, congédiait son cheval, et réconforté d'un café à
l'hôtel Vergez, atteignait la brèche à dix heures et
s'arrêtait pour déjeûner « en regardant avec bonheur les
pics brûlés de l'Aragon, déjà tout veloutés par la chaleur,
et les sapins de la profonde vallée d'*Arras*, baignés dans
une vapeur tremblante, annonçant trop l'orage.... Mais sur
la brèche elle-même il faisait froid et clair, et la silhouette
neigeuse des cimes élevées se profilait avec une telle
netteté sur le limpide azur du ciel, qu'on s'attendait peu à
ce qu'une si belle journée pût mal finir. A l'Est, de longues
et onduleuses terrasses toujours couvertes de neige fuyaient
au loin sous le soleil qui les faisait étinceler ». C'est là
qu'en avançant un peu il apercevait le Mont-Perdu, dont
la vue seule faisait bouillir son sang. « Mais ces ardeurs
sont inconnues à l'homme des plaines, à qui on ne fera
jamais comprendre le magnétisme et le prestige des cimes
neigeuses se détachant en blanc sur un ciel bleu ou noir....
Dans ces journées caniculaires où tout dort, jusqu'aux
heures, il semble que des sapins, un précipice et une
cascade, dominés par des neiges éternelles, suffisent pour
le bonheur ! »

Heureux « comme un enfant », il descendait sur les
pelouses désertes de Millaris, remontait aux cabanes
misérables de Gaulis, que les bergers avaient déjà quittées ;
seul, toujours seul, et poursuivi par de gros nuages qui
montaient à toute vitesse des gorges d'Espagne, il grimpait,
à pas accélérés, sur les interminables terrains calcaires et
caillouteux du Sud du Mont-Perdu, escaladait comme un
chamois les « cheminées » à pic, et alors légendaires, et à
trois heures atteignait le sommet. Aucune vue, encore ! et

le temps menaçant : le pic cerné par un brouillard glacial et sombre n'annonçant rien de bon.

Des touristes se trouvaient au sommet, avec des guides de Luz. Mais tous continuaient sur Fanlo. (Très pratiqué, décidément, dès 1858, le Sud du Marboré !) Il fallait descendre seul, et au plus vite.

Alors commençait la fuite vertigineuse, dans les nuages amoncelés, les éclairs et le tonnerre, les rafales intermittentes, tour à tour froides et chaudes, « passant dans les oreilles comme le vent d'un boulet ». Puis ce furent les tourbillons de neige, « tournoyant en spirales qu'un vent féroce, soufflant avec une vraie fureur, chassait partout, comme la fumée d'une capitale en feu ». Les nuages se déchiraient, et la cime du Mont-Perdu, si brillante le matin, paraissait avec l'air d'un spectre ou d'un sépulcre. *Il faisait peur.*

Pris d'anxiété, mais sûr de ses forces, courant, ayant des ailes, le voyageur, sans y voir à vingt pas devant lui, sans rien pour le guider — la neige avait tout effacé, « tout enseveli comme sous un suaire immense — conduit par un vague instinct qui l'empêchait de s'égarer, fuyait, fuyait toujours, traversait le Millaris dans une tempête de grêle, et arrivait à la brèche de Roland « en vie, mais voilà tout », quelques instants avant la nuit.

Et pourtant, il lui restait « assez de force et d'enthousiasme pour jouir des effroyables batailles que se livraient les éléments » et vouloir tomber à genoux « quand juste avant la nuit, surgirent d'une mer de nuages pleins de foudre et d'éclairs, cent kilomètres de pics rougis par le soleil couchant ».

Nuit horrible et désastreuse, longue de douze heures ; nuit d'ouragan, nuit polaire au faîte des Pyrénées, à subir harassé, mouillé, gelé, sans vivres, sans une goutte de cordial, sans couverture, et seul. Il la passa à marcher au

Midi de la brèche en se frappant à tour de bras pour se réchauffer, « ni éveillé, ni endormi, avec des illusions étranges, croyant voir des catafalques, et prenant des nuages pour des rochers ».

Le jour vint, la neige cessa, le vent tomba. Il fallut songer à entamer sur Gavarnie la plus redoutable des descentes, dans le brouillard, sans carte, sans boussole, et sur la neige qui cachait tout. Il se perdit, arrêté bientôt au sommet d'une effrayante paroi à pic, un gradin du cirque ! A ce moment il entendit tonner la grande cascade de Gavarnie. Il eut l'instinct de calculer que du bon chemin le bruit de la cascade n'est pas perceptible, qu'il avait donc dévié vers le milieu du cirque, rectifia très fortement à gauche et fut sauvé. Aux Sarradets il sortit de la neige ; une demi-heure après il entrait, à demi-mort de fatigue, de froid et de faim, dans l'auberge de Palasset, et bientôt dans l'hôtel de Gavarnie, où s'organisait déjà une expédition de secours.

Avec cette ascension folle et réfléchie nous entrons dans le plein de la seconde période héroïque — ouverte par Lézat et Tonnellé — de la découverte pittoresque des Pyrénées.

Pour trente ans.

Le téméraire, vigoureux, enthousiaste ascensionniste, aux allures si nouvelles, si énergiques et passionnées, est le jeune comte Henry Russell.

II

DE BIGORRE A BIGORRE PAR PÉKIN.

Ramond, méridional d'origine, était allé naître loin des Pyrénées, à Strasbourg.

Au pied même des Pyrénées est venu naître Russell,

homme du Nord. Son père, irlandais, s'était fixé en France
en 1830, à Pau, et y avait épousé en secondes noces une
française du Gers, Mlle de Grossolles-Flamarens, dont le
frère fut chambellan de Napoléon III. Mais il semble que
notre futur montagnard ait jugé insuffisant de voir le jour
dans les « basses » Pyrénées ; il profita d'un voyage de ses
parents, en 1834, pour venir au monde à Toulouse, la vraie
capitale de la chaîne centrale. Comme s'il eût voulu saisir,
en ouvrant les yeux, l'ensemble des plus grandes Pyrénées !

Le français fut sa langue usuelle (sa mère ne sut jamais
un mot d'anglais).

A six ans, le petit Russell faisait sa première course, la
montée à pied de Cauterets au lac de Gaube. Il apercevait le
Vignemale : et c'était comme une première entrevue de
présentation. L'enfant et la montagne se convinrent. Pour
toujours.

Elevé au collège de Pons près Saintes, puis à Pont-
levoy, Henry Russell, aux vacances, revenait « bondir
comme un chamois » sur les belles neiges des Pyrénées.
L'expression n'est point hyperbolique, chez ce jeune homme
que la nature avait taillé pour être un marcheur exceptionnel. En 1851, il séjournait en famille à Luchon, y faisant
toutes les ascensions moyennes ; avec sa mère, qui pratiquait
énergiquement la montagne, il passait de Luchon à Gavarnie
à pied, par Aragnouet et le col de Cambieil.

Russell a dit que ces premières années de Pyrénées
et de Biarritz furent les plus belles de sa vie.

Ses parents s'étant fixés provisoirement en Irlande à la
fin de 1851, Henry Russell y fit sa philosophie, chez les
jésuites de Clongowes.

Dès le début, combien singulier, ce jeune Irlandais du
Béarn, familier de la place royale de Pau, des Coustous de
Bagnères et de la plage de Biarritz, et si sincèrement

français ! cet enfant des Pyrénées si profondément irlandais, aimant à rêver sur les côtes stériles et tourmentées de la baie de Bantry ou devant les falaises de l'île d'Achill — extrême Ouest de l'Irlande — : « promontoires perdus aux confins de l'Europe, dont les derniers lambeaux s'évanouissaient au loin dans les fureurs et dans l'écume de l'Atlantique », jouissant des temps affreux, l'imagination tendue sur l'Amérique, et restant des heures entières sous la pluie, saturé jusqu'aux os, sur des rochers décolorés et nus, enivré par la nature « dont il aimait les colères au moins autant que les sourires », à écouter « le vent sonore des mers qui sent l'immensité plus que tout autre » !

Comme chez Ramond, mais à un degré autrement accentué, heureux alliage de deux tempéraments opposés. La trempe physique des fils du Nord cassant, pour se baigner, la glace des lacs gelés; le besoin impérieux des voyages, la passion de la mer (combinée avec une horreur de la navigation étonnante chez un homme qui naviguera), une âme de poète dans un corps d'acier qui pas un seul jour ne connaîtra la maladie; le sens de l'organisation pratique allié à une mélancolie rêveuse et presque mystique; une admiration intime, sincère, même naïve, de la nature dans ses grandes scènes : jamais il ne fera un mot d'esprit aux dépens du paysage. Le trait, cependant, il l'a fort vif et à la française ; mais il le réserve pour en percer les philistins qui ne sentent pas la nature. Français de langue et de domicile; catholique; tout pénétré, du côté maternel, de douceur et de sensibilité françaises; français surtout par la discipline de l'esprit, à tel point, qu'un jour, venant de faire imprimer un livre, il en détruira l'édition, parce qu'il ne la trouvera pas conforme, pour la présentation du sujet, à l'ordre, à la clarté, au génie français !.

Sa philosophie terminée, libre désormais, et pour toujours

— car il n'aura pas de carrière, heureusement pour le pyrénéisme — Russell est un jeune sauvage de haute civilisation, très mondain et effréné valseur. (On raconte encore couramment aux Pyrénées que, séjournant à Luchon, il partait le matin à pied pour Bagnères de Bigorre afin d'y passer la nuit au bal, et revenait le jour suivant à Luchon à pied. Ceci n'est qu'une légende, mais caractéristique). Avec cela, musicien ; un talent de violoncelliste. Passionné de Chopin, naturellement, et professant un véritable culte pour Rossini. Imprégné de Bernardin de Saint-Pierre, de Chateaubriand, de Byron, de Lamartine (et plus tard de Tennyson). Enfin, de complexion tendre ; lui-même l'a dit : « ardent comme un soleil d'Asie » !

Cependant ardeur n'exclut pas prudence : il envisage la vie civilisée « comme un fleuve plein d'écueils », il prétend n'en suivre que les rives » pour ne pas s'y noyer. « Passionnément épris de la nature et de la liberté, triste comme l'automne et nomade comme le vent », il passe ses années de belle jeunesse à parcourir capricieusement le monde. En mai 1856 il séjourne à Paris, qui le séduit peu : un vague ennui l'y poursuit partout, et ne se dissipe qu'à la vue d'une mappemonde à l'étalage de quelque magasin ; l'effet est « magnétique ». Puis, premier grand voyage maritime, au Pérou par le cap Horn, neuf mois sur l'eau et trois semaines à terre (Lima). Hypnotisé par les Andes ! Il passe sa vie à rêver et à lire sur les vergues, presque à la pointe des mâts, ne descendant que pour manger et dormir.

Rentré en janvier 1857, il repart en juin : voyage en zig-zag dans l'Amérique du Nord, Etats-Unis et Canada, et séjour chez les Sioux. Retour par la Louisiane et la Havane.

Sa famille revient se fixer à Pau, avec séjours d'été à Bagnères.

Alors Russell met la main sur le livre qui produit sur lui
l'impression la plus profonde — avec Chateaubriand — : *les
Pyrénées* de Chausenque.

Les *Voyages pédestres*, récemmus parus en seconde
édition, lui sont une révélation et un ravissement : il les
dévore, les lit et relit, *en ayant soin*, dit-il malicieusement,
de passer les digressions historiques. La conviction, la
sincérité du livre le saisissent. Et de fait, ce parfum de
Pyrénées pénétrant , cet amour de la montagne, cette
honnêteté d'admiration, ces lacs céruléens, ces nuits loin
des bruits du monde dans la vallée d'Ossouc, ce Vignemale
qui fume à midi comme une chaudière, c'est déjà Russell
en germe. Puisqu'il faut toujours être le fils de quelqu'un,
pyrénéiquement Russell sera le fils de Chausenque. Lui-
même le proclamera toujours, et professera pour son
initiateur, pour « son maître », pour « le vénérable
patriarche », une tendre et respectueuse admiration.

En 1858 donc, premières armes sérieuses dans les
Pyrénées. Le début est bien d'un fils de Chausenque : le
Néouvielle, par Barèges. D'autorité, au retour il propose
d'appeler la fameuse brèche des Tourettes (nommée quelque
part brèche Touret, du nom d'un guide qui s'y serait tué),
brèche de Chausenque, et ce nom lui est resté sur la carte
de l'État-Major. Après le Néouvielle, l'Ardiden. Russell
avait lu plusieurs fois le récit de Chausenque, sous le
charme, mais sans le comprendre (*sic*). « Chausenque »
dit-il, « est une mine riche, mais aux galeries souvent
tortueuses et mal éclairées ». Et puis, il n'y avait pas alors
de carte pour l'expliquer. Après plusieurs échecs, il dompta
l'Ardiden directement de Saint-Sauveur, par le Nord, Sazos
et les lacs, « purs enfants de la montagne qui dorment dans
un berceau sinistre et sombre », et plus heureux que
Chausenque, couronna sa pyramide aiguë et foudroyée. Il
descendit par le Sud et le val de Badet. Puis ce furent les

trois ascensions du Mont-Perdu, pour ne rien voir. La première, mémorable par la rencontre avec Tonnellé, sur qui il fait impression (que de points de contact entre ces deux natures, Tonnellé et Russell !); la troisième, cette fameuse course faite seul, et si près de tourner au tragique.

A peine remis de cette terrible aventure, et l'on peut dire à la descente même de la brèche, il se sépare, le 24 septembre 1858, à Bagnères de Bigorre, d'un groupe attristé, père, mère, frère, sœur : « le bruit des torrents arrivait comme des sanglots entrecoupés ». C'est le départ pour un voyage immense.

Il traverse Paris, l'âme encore bouleversée de la séparation. Une après-midi de dimanche il entre à la Madeleine : l'encens monte, l'orgue remplit l'édifice d'harmonie sainte. Il sort consolé. A Londres, après avoir ascensionné, faute de mieux, le dôme de Saint-Paul, il s'embarque. Un mauvais vapeur à roues le mène à Cronstadt, le chemin de fer à Moscou, un tarantass à Kazan, un traîneau en Sibérie. Cinquante degrés de froid. Le 10 janvier 1859 il est à Irkoutsk. Une faveur insigne du gouverneur lui permet d'accompagner un officier porteur du courrier pour la Chine. Il passe en traîneau le lac Baïkal gelé, arrive à Kiakhta, traverse le désert de Gobi au prix d'atroces souffrances de froid et de fatigue dont le souvenir ne sortira plus de sa mémoire, franchit la grande muraille, et le 1er mars, *cinq mois après être parti de la gare Saint-Lazare* (sic), pénètre émerveillé dans Pékin, sous le nom de Russelef. Mais le Gouvernement chinois flaire immédiatement un russe apocryphe et lui signifie un arrêté d'expulsion, avec itinéraire obligé par la Mongolie. Encore ! Saisi d'horreur à cette idée, il cherche à s'évader par la tangente, sur Tien-Tsin. Le plan ne réussit pas. Il doit subir de nouveau le désert de Gobi. Compensation : cinq semaines de fêtes, bals,

feux d'artifices, à Kiakhta. Deuxième compensation : le
Gouverneur de la Sibérie, le conquérant du fleuve Amour,
le général Mourawieff-*l'Amourien* lui fait les honneurs de
sa conquête, et la descente de ce superbe fleuve en bateau
à vapeur, avec le général et des officiers russes, n'est qu'une
longue fête. Les officiers russes ne se lassent pas d'admirer
l'impérieux appétit du jeune voyageur arrivé des Pyrénées.
Parvenu à huit mille kilomètres de Saint-Pétersbourg, il
est saisi, quarante ans d'avance, du pressentiment et
comme de l'appréhension du chemin de fer transsibérien,
de la Sibérie en huit jours de wagon-lit. « *Ce chemin de fer
se fera peut-être, mais comment couvrirait-il ses frais?
Pourra-t-on même avoir constamment de la vapeur à une
pareille température? L'avenir décidera.* » En tout cas
« *il y aura un pays de plus ayant perdu son caractère* ».
Saisissement de revoir la mer, à Nikolaïeff, 11 juin. Navigation sur une canonnière russe qui touche au Japon et
le mène à Shanghaï : séjour, soirées chez M. de Bourboulon
et le ministre d'Angleterre (c'est le moment où se prépare
l'expédition de Chine). Un brick prussien le transporte à
Hong-Kong : long séjour, en réceptions permanentes chez
les officiers des bâtiments de guerre anglais et français.
Macao. Ici, deux mois d'une pénible et amollissante
navigation sur un trois-mâts chilien, entrecoupée de
tempêtes, et de « paradis terrestre » le long des côtes de
Sumatra; apparition lointaine, de l'île de Krakatoa, promise
à un cataclysme; détroit de la Sonde; le 1ᵉʳ janvier 1860
en plein ouragan, toutes les pensées tournées vers la
famille et les neiges des Pyrénées; le 7, Melbourne. Courses
en Australie. Cinquante degrés de chaud. En mars il est
à la Nouvelle-Zélande. Là, au milieu de la grande île,
voulant gravir seul, comme au Mont-Perdu, quelques pics
vierges — des « pics de trois mille » — protégés à leur
base par une végétation impénétrable, il s'égare sous des

torrents de pluie, errant sans couverture et sans vivres un
jour, puis deux, puis trois, marchant toujours, ne dormant
pas, tout mouillé, sentant venir la mort de faim, sans
souffrance, mais les forces s'en allant d'heure en heure.
Le quatrième jour le beau temps revient, il est encore une
fois sauvé. Voici terminée cette course de dix-huit mois.
Il s'embarque pour revoir l'Europe, sa famille et les
Pyrénées, tout ému. Au fond, sa soif de voir n'est pas
assouvie : vienne l'occasion, et le voyage va rebondir,
comme la situation dans un drame bien fait. On ne peut
pas dire précisément qu'arrivé devant Sydney le jeune
Russell manque la correspondance d'Europe, non; mais
il ne manque pas le prétexte de la manquer : le trans-
bordement ayant lieu en mer, très vite, il estime qu'on n'a
pas le temps de faire convenablement ses malles. Et
laissant partir le bateau de Suez, il reprend à travers le
monde pour dix-huit mois! Reparti de Sydney en mai, il
est en juin en Ceylan, en juillet à Madras, à Calcutta. Il
monte et stationne au célèbre sanatorium de Darjeeling,
à l'extrême frontière de l'Inde : là, le plus beau spectacle
du monde, pour lequel il ne reste plus d'épithète, les
Alpes et les Pyrénées les ayant déjà toutes absorbées :
l'Himalaya! A soixante-quinze kilomètres — la distance
de Saint-Gaudens au Néthou — le Kinchinjinga, visible de
sa base au sommet sur plus de huit mille mètres. Supplice
de Tantale : ces quelques kilomètres sont infranchissables ;
outre que le voyageur est, par une mauvaise chance
exceptionnelle, en état de fatigue physique extrême, les
populations du Sikhim, alors, ne laissent passer aucun
Européen. Plus réalisable de beaucoup d'aller de Darjeeling
aux Pyrénées! Russell le fait. Partant, « avec le malaise
du montagnard qui a manqué un pic », séjournant
longuement à Calcutta, il traverse tout le Midi de l'Inde
à pied, au risque de cent insolations, de Madras à Goa,

Bombay, temples d'Ellora, et revenant lentement, inassouvi encore, par Suez, Constantinople, la Hongrie, Trieste, Venise, Gênes, la Méditerranée, Marseille, un soir de septembre 1861, le dernier jour du long voyage, à l'idée de retrouver sa famille en villégiature à Bagnères, il se jette, frémissant d'émotion, dans la diligence de Toulouse à Tarbes.

Ainsi finit à son point de départ, après trois ans — trop tôt encore au gré du voyageur — cette formidable course (un roman qui est arrivé ! des Pyrénées et de Toulouse à la Grande Muraille : la seconde partie de *Robinson Crusoé* réalisée !) racontée depuis, d'une plume jeune, originale et vraie, sous ce titre :

Seize mille lieues à travers l'Asie et l'Océanie, voyages exécutés pendant les années 1858-61 par le comte Henry Russell-Killough (Killough est le nom d'un domaine d'Irlande), *membre de la Société française de Géographie.* 2 vol. in-12 (Hachette, 1864). Dédié au général Mourawieff-Amoursky.

Livre pyrénéiste par son début et sa fin. Surtout la dernière page, celle du retour aux Pyrénées : elle est d'un amour fou :

« Lorsque l'aurore parut, je revis le contour pur et net de ces montagnes que je crois presque capables de m'aimer. Alors, en vérité, je faillis leur tendre les bras, et je permis à mes yeux de se mouiller. Oui, les voilà ! C'est bien cet antique pic du Midi dressé sur les plaines de l'Adour, et penché sur l'horizon comme pour m'accueillir.... A ses pieds c'est la vallée de Campan, dont chaque année, au retour du collège, je venais explorer les méandres.... On dirait que les feuilles de ces bois balsamiques palpitent à mon approche, à mesure que je reconnais chacune de ces patriarcales montagnes avec leurs royaumes de neige et de silence. Ce sont pour moi des amis d'enfance que ces âpres et redoutables belvédères.... Pourquoi donc revoir sitôt ce que je n'aurai plus le courage de quitter? Je n'ai jamais tant aimé la vague horreur de ces précipices, où mon oreille vient rechercher la sombre harmonie des sapins et de l'avalanche, et mes yeux, eussent-ils plongé dans les ténèbres de la vieillesse, ces yeux qui ont vu tous les aspects de la nature, voudront s'éteindre aussi doucement que le soleil d'automne sur ces lieux consacrés par le seul amour terrestre qui soit impérissable. *Oui, c'est bien là ma patrie!* Trois ans n'y ont rien changé, la nature m'est fidèle et tous ses hymnes sont aujourd'hui pour moi.... »

Enthousiaste serment de fidélité aux Pyrénées fait par un jeune homme de vingt-sept ans et qui sera tenu.

Avec éclat !

Sans désemparer, à peine revenu des Antipodes, Russell en 1861 fait sa première ascension du Vignemale.

Ascension de fiançailles, et commencement d'une passion éternelle. Henry Russell ne voudra pas d'autre épouse que la montagne.

III

LES PYRÉNÉES A VOL D'AIGLE.

Il ne s'arrêtera plus. La fin du xixe siècle le trouvera sur les sommets pyrénéens.

Impossible, inutile de le suivre dans le détail des courses de quarante années. Lui-même ne le voudra point.

De sa vie pyrénéiste il fera deux parts.

Les ascensions qui sont pour lui comme les menus actes de la vie courante, dont on ne parle pas : toutes les montées au pic du Midi, qu'il gravira deux fois plus souvent que Ramond, — au Piméné, qui deviendra son terrain d'entraînement (beaucoup plus durs que de très grands sommets, souvent, ces pics secondaires, mais où la montée est ininterrompue, sans distraction !) — même au pic d'Ossau : celui-ci n'est ni assez neuf, ni assez difficile, ni assez haut : il n'a pas « trois mille ».

Les pics vierges, les pics de trois mille, voilà ceux dont Russell composera sa vie pyrénéiste officielle. Ceux de deux mille neuf cents, il les dédaigne. *De minimis non curat.*

D'ailleurs un accident est toujours possible. Or, se tuer aux Pyrénées pour un pic de moins de trois mille serait ridicule.

Excessif, sans doute, ceci. Mais quelle allure !

Encore inconnu à son retour, Russell a tout en lui pour être promptement un pyrénéiste unique.

La nature l'a créé marcheur exceptionnel : très grand, long et mince, faisant trois kilomètres pendant le temps que le commun des marcheurs met à en faire deux ; donc, abattant en deux heures les courses de trois, et en huit celles de douze ; ce qui révolutionne les itinéraires, rend les choses difficiles faciles, et l'impossible, réalisable.

A cette faculté de marcher, elle a ajouté un besoin incoercible de l'exercer. Pour cela, tout près, un champ de manœuvre approprié : cent lieues de montagnes encore mal connues. Russell est placé à pied d'œuvre, à Pau, d'où en deux pas, comme dirait Figaro, il est à Gavarnie, et en trois sauts, à Luchon. D'autant plus vite que les chemins de fer s'établissent.

Ascensionniste, il a le courage, et la confiance en soi-même, qualité *sine qua non* du montagnard. Il a l'autorité : il revient de l'Himalaya. Quoi ! il est donc possible de tenir encore les Pyrénées pour des montagnes quand on a vu les colosses d'Asie? Russell lui-même, ici, répond : « Un

géant est une chose, une jolie femme est une autre ». Les
Pyrénées, elles, se laissent aborder : ce n'est pas peu !
Il a la singularité : d'un homme ayant tâté du cap Horn,
du Canada et de la Nouvelle-Zélande, qui a eu le visage
gelé dans le désert de Gobi et mangé des sangsues à l'huile
de ricin. Il a même un élément d'*excentric*, très dosé, juste
ce qu'il faut pour la saveur, comme on met du sel.

Il n'est pas naturaliste. Il n'entend aux fleurs que ce
qu'il faut pour les aimer. A la géologie, rien.

Il est poète, encore à l'état latent. Il va être écrivain.

Il a sa devise, sa raison d'être : *marcher et sentir*.

A-t-il un plan ? Peut-être non. Mais il a des idées
arrêtées — des partis pris, si l'on veut — qui y équivalent.

Reprendre les choses au point moyen où s'était arrêté
Chausenque, et pousser désormais plus haut, tout en haut.
Jeter comme un voile de séparation sur la montagne
inférieure, aimable, depuis longtemps décrite et chantée ; et
rester longuement, toujours, dans la région supérieure,
prestigieuse, désolée, grandiose, souvent terrible.

Avez-vous eu, dans quelque course, l'heureuse fortune
de dominer la « mer de nuages » coupant les Pyrénées
parallèlement au sol, supprimant deux mille mètres de
base, et laissant émerger un sublime archipel de sommets ?

Ce monde comme séparé du monde, aérien, demi céleste,
c'est le domaine de Russell. Il y vit, il y plane, et parfois
fond sur un pic.

RUSSELL (suite). — PACKE.

IV

LAURENT PASSET : LA SOURCE DE LA CASCADE DE GAVARNIE. — LE COL DE L'ASTAZOU.

C'est avec Laurent Passet que Russell avait fait l'ascension du Vignemale.

Passet, nom qui sera quatre fois célèbre.

Les deux premiers Passet, les frères Laurent et Hippolyte, types de montagnards maigres ; merveilleux, dévoués, désintéressés, braves, prudents. Et non point simples conducteurs passifs : mais de ces guides-explorateurs, dont Rondo fut le prototype aux Pyrénées, curieux d'itinéraires nouveaux, passionnés pour leur montagne ; adorateurs non point nerveux, dilettantes et « cérébraux » comme les touristes du monde, mais frustes, graves, sûrs. Ils ont découvert le cirque de Gavarnie. — Ce cirque si connu ? — Ce n'était pas le connaître que de le voir seulement d'en bas et d'y faire — puisque cirque il y a — un « tour de piste ». C'est des parties hautes, difficiles, que le cirque devait être vu pour révéler ses vraies proportions, inattendues, formidables.

A mesure que les ascensionnistes vont devenir plus oseurs, de tels guides deviendront de plus en plus nécessaires et jouiront de plus de considération. Les noms de tels d'entre eux seront donnés à des points topographiques.

Déjà, à Luchon, il y a une Cascade-Michot. A Gavarnie, il va y avoir une Brèche-Passet.

Dès l'époque où — conduit vraisemblablement par un Passet — le duc de Nemours atteignait le plateau du Marboré, planait sur l'incomparable panorama, et plongeait du regard sur la source du gave de Pau, Laurent concevait la possibilité d'aborder le point de départ de la grande cascade. Naturellement l'obstacle, le mur même de la cascade, ne pouvait être enlevé de front; il fallait le tourner : prendre à l'entrée du cirque, à gauche de l'auberge, ou de « la baraque », une voie latérale, celle de l'Astazou-Barade ou Astazou-Barane (le mot *barane* se retrouve plusieurs fois dans la topographie pyrénéenne : passes de la Barane, etc. : signifie-t-il *barrière* ?), franchir le mauvais pas, classique depuis, des *Rochers Blancs* (calcaire lisse et glissant comme verre), puis arrivé à hauteur, couper à droite pour marcher au but, en franchissant cette redoutable arête que le sommet du Marboré précipite dans le cirque, arête si remarquable par la torsion et le redressement de ses couches géologiques. Le tout était de trouver une brèche : Laurent la trouve, difficile, dangereuse, et subitement domine la source du Gave; la descente sur le glacier de la cascade, périlleuse.

Ceci, entre 1847 et 1857. On ne sait le nom du premier touriste auquel Laurent Passet fit faire cette course de pur montagnard. Le second fut le receveur des douanes à Gavarnie : Sérigan. La troisième ascension est mémorable : celle de M. et Mme Alluaud (nous avons vu plus haut Mme Alluaud, de Limoges, monter en 1850 à la Tusse de

Maupas et au Néthou) ; guides, Laurent Passet et un autre,
dont le nom nous est déjà connu : Bastien Teinturier, qui
avait accompagné Chausenque au Néouvielle. *Favorisés par
les circonstances, M. et Mme Alluaud*, dit Emilien Frossard,
*traversèrent les glaciers du Gave et revinrent à Gavarnie
par la brèche de Roland.* Ce serait donc la première
ascension connue du célèbre « col de la Cascade », entre
le Marboré et les Tours.

Revenons en septembre 1861. Au retour du Vignemale,
Laurent Passet offre au comte Russell la primeur d'une
course nouvelle qu'il a découverte et le mène au col de
l'Astazou ; par les Rochers-Blancs encore, puis les « trois
grands escarpements, espèces de murailles presque à pic,
séparées par des neiges et des glaces dont les pentes sont
alarmantes lorsqu'elles sont dures. Or elles regardent
l'Ouest et le soleil ne peut y toucher avant neuf ou
dix heures. De ces trois falaises, la première est facile, la
seconde l'est moins, la troisième ne l'est jamais... Elle peut
devenir inabordable si le retrait des glaces ouvre à ses
pieds un *bergschrund* infranchissable. Il ne faut jamais
s'aventurer dans ce dédale de précipices sans un excellent
guide ».

Très importante, cette « inauguration » du col de
l'Astazou.

Elle signifie que le regard humain a pénétré de nouveau,
par l'Ouest cette fois, dans cette aire glacée du lac du
Mont-Perdu où Ramond était entré par le Nord ; et voici un
nouveau cri d'admiration : « *Scène polaire au dernier
degré. Presque tout le vallon qui descend est comblé par
une mer de glace que domine le dôme tout blanc du
Mont-Perdu, pareil à un iceberg de huit cents mètres. A
l'Est on est transi en regardant les eaux immobiles et
presque éternellement gelées du lac du Mont-Perdu :*

mais par un merveilleux contraste on voit au même instant, au-delà, les bois et le torrent de la vaporeuse vallée de Bielsa, et le gigantesque Posets à l'horizon. »

Elle signifie que par cette voie, l'ascension du Mont-Perdu pourra être faite en un seul jour, par les montagnards éprouvés. A part ceux-ci, cet itinéraire pénible restera rare, et « de plus en plus impopulaire ».

Elle signifie enfin que cette longue manœuvre de politique pyrénéiste est commencée, qui tend à constituer Gavarnie en centre d'excursions difficiles, en centre montagnard des Pyrénées, sorte de Zermatt opposé à Luchon-Chamounix.

En 1862, on voit le comte Russell au Canigou ; et aussi, au Ger, où le grand marcheur Esterle le conduit « à toute vitesse ». A cette époque, Russell a une idée dominante : arriver au plus vite. C'est une « première manière », mais qui va s'atténuer.

En plein hiver (3 et 5 mars 1863), avec l'officier anglais Congrève, d'une force herculéenne, il tente l'ascension du pic de Ger ; un ouragan les couche à terre au col du Gourzy et les force à rétrograder. Deux jours après, avec trois guides, l'ascension est reprise avec succès.

Dès qu'on les pratique avant le banal et déneigé mois d'août, le mois des hommes de bain et de casino, à plus forte raison en hiver, les Pyrénées ont de la neige pour satisfaire les plus exigeants ; mais la neige sous le ciel du midi, volupté rare ! On s'explique alors comment les Pyrénées ont pu contenter la passion ardente du comte Russell pour la neige, et l'on comprend son mot célèbre : « *Les Andes en manquent, les Alpes en abusent !* »

Nous venons de voir Russell avec un compagnon occasionnel.

Ici la Providence jugea qu'elle devait faire quelque chose

pour un montagnard qui, par passion des Pyrénées, se vouait au célibat. Elle se répéta cette parole de l'Écriture : *Il n'est pas bon que l'homme soit seul!* Et elle lui envoya.... un ami.

V

A GUIDE TO THE PYRENEES.

Si Russell avait trouvé les Pyrénées écrémées de pics capitaux, il s'était bientôt aperçu aussi qu'aux trois quarts elles étaient encore « *terra incognita* ».

L'idée lui vint de profiter de son expérience acquise, de la pousser encore plus loin, et de révéler ou d'expliquer les hautes régions pyrénéennes, dans un *guide*.

Surprise! pendant sa longue absence, quelqu'un avait travaillé les Pyrénées. A ce moment même paraissait à Londres : *A Guide to the Pyrenees, especially intended for the use of mountaineers, by Charles Packe, with maps, diagrams and tables.* Longman, 1862, in-12.

Charles Packe, né en 1826, était le fils aîné du capitaine Edmond Packe, des horse-guards, qui a écrit une histoire de l'armée anglaise. Après ses études à Oxford, il se fit recevoir avocat en 1852. On a dit que, dans sa vie, il ne devait plaider qu'une cause — victorieusement d'ailleurs — celle des Pyrénées.

Il les vit pour la première fois — notamment le pic d'Ossau — en 1853, ne faisant que les traverser.

En 1855, il revient en France, et pousse jusqu'aux Alpes, où il fait à pied le tour classique par la Furka et la Gemmi, ascensions de la petite Scheideck, du Faulhorn, etc. Voyage sur lequel il écrit *The Spirit of Travel, by*

Charles Packe of the Inner Temple (Londres, Chapman, 1857, in-12). Journal de bagatelles, eût dit Saint-Amans ; un de ces petits livres d'impressions personnelles, où l'on fait de l'esprit aux dépens des pays traversés. A noter ce premier cri, à son arrivée en France au plus beau moment de l'alliance anglo-française : « *On peut juxtaposer mécaniquement les Anglais et les Français, mais les combiner chimiquement, jamais !...* ». Début piquant, d'un homme qui cite Montaigne et Pascal, qui passera une partie de sa vie aux Pyrénées, se mettra à aimer la France, et deviendra « presque un latin », disent les Anglais. Il est vrai que les Français le trouveront très anglais pour un latin. Les deux termes sont conciliables par la moyenne. Ce sur quoi il y a unanimité, c'est que Packe fut fort galant homme, bon, et supérieurement instruit. Humaniste, enclin à la citation latine ; naturaliste aussi, géologue et passionné botaniste.

Il revient aux Pyrénées en 1857, peut-être en 1858 à Gavarnie, coudoyant ainsi Russell sans le savoir.

En 1859 il y est établi ; l'exploration scientifique a commencé. Nous le trouvons à Luchon où il est témoin d'une des rares catastrophes que présente l'histoire des ascensions pyrénéennes.

Ouvrez le *Monde illustré* de 1859, vous y voyez d'abord une série de dessins d'Edmond Morin et autres sur le séjour de l'Empereur et de l'Impératrice à Saint-Sauveur. Puis un petit croquis : *le pic de Sauvegarde à Luchon, où a disparu M. Ch. Hardwich, archidiacre de Cambridge, dessin de M. Lézat* (vue prise du côté français et des lacs du port).

Ce croquis accompagne un article de Louis Enault, *Souvenirs de voyage*, qui nous reporte d'ailleurs au plus beau de la manière de Dusaulx. Louis Enault est à Luchon,

« capitale d'été du monde fashionable, résidence des
malades bien portants ». Il se risque à tenter la *première
ascension* (sic) d'un pic *connu sous le nom de Sauvegarde*
(sic) et fréquenté *par les guides seulement* (sic : admirables, ces guides qui se promènent tout seuls!). M. Lézat
conduit l'excursion, pour laquelle on a fait appel aux
guides les plus intrépides. « *Arrivés au port, tout à
coup, par une fente terrible, s'éleva la Maladetta :
un frisson courut dans nos veines, un cri s'échappa
de nos poitrines, et les pleurs de l'enthousiasme
mouillèrent plus d'un regard.* » Ici, plus moyen de
continuer à cheval! dit M. Lézat. Et c'est la terrible
ascension : « *Quelques guides marchaient en tête de la
caravane en jouant ces airs belliqueux dont la magie
entraîne le soldat; d'autres donnaient la main aux
femmes, et la petite colonne, par un sentier inégal, semé
de pierres, penché sur les abîmes, souvent interrompu,
serra les rangs et commença de gravir. Souvent il fallut
s'arrêter : plus d'un désespéré refusait de continuer sa
route : quelques-uns sentaient déjà le vertige, cette fièvre
des hauteurs, qui s'emparait de leurs têtes. Une parole,
une exhortation, un sourire, une main tendue à propos
leur rendaient le courage.... * »

Véritable ascension de « gens du monde » sur un pic
banal, pris pour vierge, et où d'ailleurs le chemin actuel
n'était pas encore fait. Mais faut-il en rire? Sur ce même
pic, le jour suivant, un voyageur se tuait; et sans aller
jusqu'à amplifier avec Louis Enault : « *il était d'une rare
audace, les montagnards ne l'auraient pas suivi et l'aigle
seul eût été plus haut* », il faut remarquer que l'archidiacre
Hardwich était un habitué de la montagne.

Le 17 août il montait à Sauvegarde avec Packe. A la
descente il voulut quitter la facile ligne habituelle pour
prendre plus directement vers le Sud. Packe essaya de le

dissuader, lui laissa son bâton, descendit à la cabane, attendit plusieurs heures en vain et pressentit un malheur. Le pic le plus facile peut avoir ses côtés vertigineux, et devenir funeste si l'on y improvise des variations. L'archidiacre s'était mis sur des talus très inclinés, à herbes glissantes comme la glace, menant à des schistes « très satinés » et verticaux, et de là à l'abîme.

Le lendemain, Packe, ayant pris à Luchon une troupe de guides et un sac, revenait rechercher et ensevelir son compagnon.

De tels accidents sont plus que rares aux Pyrénées, qui d'habitude ne ripostent pas à l'attaque vigoureuse et franche du montagnard résolu. Elles ont d'autres défenses, les douces Pyrénées, qu'elles réservent pour l'inexpérimenté et le timide, pour le paysan, le marchand français ou espagnol qui se hasardera à passer les ports trop tôt ou trop tard dans les saisons. Malheur à lui ! Elles le surprennent, le vitriolent de neige chassée à la figure, l'étourdissent de tempête, l'affolent, et le dévorent en quelques minutes. Pas de lieux plus meurtriers que ce port de Gavarnie, si facile, et ce chemin du port de Vénasque où dans la belle saison passent joyeuses les caravanes des baigneurs de Luchon.

Si les ombres des victimes reviennent, quelle scène digne de *Freychutz*, à minuit, dans le lugubre amphithéâtre des lacs du port de Vénasque !

L'année 1860 est sous double rapport capitale pour Packe. Au retour de Bilbao où il a été observer une éclipse, passant aux Eaux-Chaudes il y remarque une jeune fille anglaise, qui va devenir Madame Packe et sera une vaillante pyrénéiste. Le 21 août il fait l'ascension du Néthou (soixante et unième ascension, et cent quatre-vingtième touriste environ) et jette un coup d'œil sur l'ensemble de ces Monts-Maudits, sur cette maîtresse région des Pyrénées espagnoles dont il s'éprendra définitivement.

Il s'éprend, lui aussi, et pour toujours, de cette fameuse région polaire du lac glacé du Portillon d'Oo : pour le *guide* qu'il va publier, il lui faut une vue des Pyrénées, une seule, un frontispice décisif. C'est le lac du Portillon d'Oo qu'il choisira.

C'est en partant de ce lac pour passer le portillon d'Oo et coucher à la cabane de Turmes que Packe, en 1861, fait la troisième ascension du Posets, la première décrite. Avec Packe, le Posets commence à sortir du vague mystère et devient une réalité tangible ; on voit l'ascension, par l'Est, « facile et longue », en cinq gradins : région inférieure ; lac Baticiel, où les gens de Vénasque vont pêcher en bateau, et dont les bords seront fréquentés des chasseurs ; région supérieure désolée, avec lacs ; glacier jusqu'à un col neigeux qui forme ligne de faîte ; marche vers une fausse cime, passage de rimaye, cheminée, et promenade sur une longue arête, fameuse désormais parmi les initiés, qui court Nord-Sud et dont le terme est le vrai sommet du Posets. Comme l'avaient dit les guides d'Halkett : c'est bien autre chose que le Néthou et le Pont de Mahomet. Mais ce n'en aura jamais la célébrité.

Packe décrit et par conséquent réhabilite le panorama du Posets, observatoire admirable : haut, isolé, central. (Autre relation de Packe dans *Peaks, Passes and Glaciers,* Alpine Journal, 1862).

Cette même année, le 20 août, Packe fait son second Néthou. En s'inscrivant sur le registre il peut lire cette inscription du dernier touriste monté avant lui le 17 :

> » *Un poulet et du fromage.*
>
> A force de monter je suis arrivé.... Ouf !
> Encore, bien heureux de n'avoir pas fait... pouf ! »
>
> *Russell de Killough. »*

Ton inusité...! Mais ce Russell enjoué n'est point le nôtre, qui n'est pas encore revenu du grand voyage. C'est son frère Frank, alors officier au service du Pape, qui le précède sur le sommet des Pyrénées !

A la fin de 1861, Packe a son guide prêt, en un livret de 127 pages à deux colonnes de petit texte serré, où il se propose de ne pas décrire la nature, puisque ses lecteurs la verront de leurs yeux, mais de donner sous une brève forme — en prenant le suc des guides Joanne et Lambron, infiniment trop longs, et en y ajoutant par son expérience personnelle — les indications nécessaires au voyageur à pied dans les Pyrénées centrales, *plus particulièrement dans la région de Luchon.*

Par ces derniers mots, Packe se classe nettement dans les pyrénéistes *luchonnistes*, qui tiennent la montagne de Luchon pour prééminente, ainsi qu'il convient dans le plein du règne de Lézat.

Le *Guide to the Pyrenees* de 1862 est embryonnaire et provisoire, mais marquant. C'est le premier livre étendant à la chaîne entière le ton du montagnard de sommets : ton qui ne se définit pas ; il se sent.

Quelques articles nouveaux : le lac Miguelou *and great scenery adjacent ;* le pic des Aiguillous, *glorious wiew.*

Enfin, un chapitre à ne pas laisser passer.

VI

LE BALAÏTOUS ET LA TUQUEROUYE RETROUVÉS.

On a vu se perdre des objets même de forte dimension. Mais des pics ! Des pics de premier ordre !

C'est pourtant le cas aux Pyrénées.

Pour saisir l'histoire de la découverte des Pyrénées, il est essentiel d'oublier nous-mêmes ce que nous en savons jusqu'ici, pour nous placer dans la situation où se trouvèrent Russell et Packe. A l'époque où ils vinrent on n'avait aucune connaissance sérieuse, et il faut ajouter aucun souci, du pyrénéisme rétrospectif. Ramond à lui seul rappelait le passé, vague, avec Franqueville et Tchihatcheff; Chausenque et Lézat contituaient le présent. Puis, plus rien. Sur bien des points capitaux il fallait « recommencer l'histoire » : ce fut un des côtés curieux de la carrière pyrénéiste de Packe.

Nous l'avons vu nous dévoiler le Posets. Voici plus singulier.

Donc, il y avait au Sud de Tarbes, dans la haute chaîne frontière, deux pics de premier ordre, dominants, bien visibles de chaque côté de l'éperon que forment en avant le Monné et le Cabaliros. A gauche, le Vignemale. A droite, un digne pendant du Vignemale à cinquante mètres près : celui-ci jamais nommé. En se rapprochant de la chaîne, on le perdait de vue. A l'entrée de la vallée d'Argelès, à Boo-Silhen, il reparaissait. Puis il s'éclipsait définitivement. Invisible, inconnu à tous les visiteurs de Cauterets et de Gavarnie.

Packe décide d'aller chercher ce maître-pic mystérieux au fond de sa cachette d'Azun. Prenant à Arrens un homme qui n'avait jamais fait l'ascension, Jean-Pierre Gaspard, il s'enfonce dans la haute gorge d'Azun, dépasse la cascade Bourridis ; le pic reparaît, imposant : « *Voilà votre ennemi qui vous attend!* » dit le guide. Packe arrive au lac de Suyen, monte dans la gorge de l'Arribit, et, au-dessous d'un glacier tombant, au Nord, du pic dont la redoutable pyramide est devenue complètement visible, il passe la nuit dans une « rude cabane », avec des bergers, et en se

serrant « comme des sardines ». La nuit était superbe et
l'excellent Packe eût bien mieux aimé la passer «*sub Jove*»,
à la belle étoile ; mais il ne voulait pas blesser les bergers
en paraissant mépriser leur hospitalité. Au matin, laissant
sur sa droite la gorge *Barcadère* (Batcrabère), et le port
de *Balan* (passe de la Barane), il entame en tâtonnant,
sur la face Nord du pic « *excessively precipitous* », une
ascension de plus en plus vertigineuse et canonnée par
« l'artillerie du granit ». A deux cents mètres environ au
Nord-Est du sommet, il renonce, en élevant là un *cairn*
de pierres ; « *trophy of our defeat* », dit-il, le monument
de la défaite : deux fois bien nommé ! car, près de là aussi
est un point où trente-sept ans auparavant Peytier et
Hossard avaient dit : « *A deux cent cinquante mètres du
sommet, nous fûmes arrêtés par une arête de rocher
que nous ne pûmes ni franchir ni tourner.* »

Packe venait de manquer provisoirement le Balaïtous.

« S'il a été monté, ce qui est possible », pensait-il en
descendant, «ce doit avoir été en partant de Sallient!...»

Dès le lendemain de la publication de son *Guide*, Packe
s'occupe de le compléter. Il a bientôt la matière d'une
future feuille complémentaire, à annexer au deuxième
tirage du livre (paru en 1864).

Le 22 septembre 1862 avec les deux Passet, il monte au
Vignemale, et, le premier, décrit enfin l'ascension classique
par l'Est; avec lui apparaissent la *cascade de Tapou*, le
Saut de l'Espagnol, la *cascade d'Olette* (des *Oulettes*), *la
crête du Mont-Ferrand*, etc.; bref, tout l'itinéraire. (Autre
relation de Packe dans l'*Alpine Journal*).

Il décrit les courses de Luchon-Castanèze, Gavarnie
aux bains de Panticouse par le col et le cirque de Tendénère;
course pratiquée d'ailleurs depuis longtemps ; mais pratiquer
est un, et décrire est un autre.

Il passe de Luchon par le port d'Oo à la cabane de Paoul, et remonte peut-être au Posets (1863). De la cabane de Paoul, pour rentrer en France, il prend droit sur le port le plus proche, celui de Clarabide, descend au lac de *Poussioles* (Pouchergues), y campe ; de là, au lac *Cazoas* (Caillaouas) ; montée à la porte d'Enfer, — belle vue sur la région des Gourgs-Blancs, — passage à *Schourtiga* (Lourtiga) et descente à Luchon par Oo.

Belle expédition, toute nouvelle. Malheureusement, aucun développement de récit.

Mais Packe fut démesurément modeste ; la course était pour lui le moyen, non le but. Il a aussi des caprices de rédaction singuliers ; tantôt le récit d'une ascension est développé, tantôt il est d'indication si brève qu'on ne sait si l'auteur parle par expérience. Il y a des courses de premier mérite qu'il fait et qu'il « laisse tomber ».

Fit-il le pic de la Maladetta (la pointe *orientale*, de 3,312 mètres) ? Et, en tout cas, le fit-il avant 1864 ?

Ici, longtemps, discussion sur la priorité : c'était un point sinon important, du moins délicat, d'éxégèse, alors qu'on ignorait l'ascension de Parrot.

En faveur de Lézat — comme pour le pic du Milieu — un mot du livre de Lambron, auquel Lézat lui-même avait collaboré. Mais rien de plus à l'appui ; pas de relation détaillée. Bref, point de certitude absolue.

Packe écrit : « *De la Rencluse, le pic de la Maladetta, 3,312 mètres, peut être monté, en escaladant l'arête au Sud du Portillon* ». (Ceci est un à peu près.) Puis il recommande spécialement un *pic d'Albe de 3,280 mètres* (le vrai pic d'Albe est de 3.100) à prendre par la moraine *Est* du glacier de Maladetta (donc à l'opposé du côté Albe) et en marchant ensuite *Sud, sur le glacier, sans négliger la corde, car c'est là que le guide Barrau tomba dans une crevasse et périt.* » Ce texte semblerait convenir à

une ascension (peut-être non exécutée) de la Maladetta,
pointe *occidentale* de 3,230 mètres. (??)

Mais dans les indications brèves de Packe, la plus
curieuse est celle où il signale « une des plus belles
expéditions des Pyrénées, à faire avec Laurent Passet »,
qu'il note ainsi :

*« Parti de Gavarnie à six heures du matin ; passé la
brèche d'Allanz, redescendu du coté Estaubé ; pris vingt
minutes pour déjeûner ; monté en cinquante minutes
un glacier très incliné ; atteint le port de Pinède : vue
magnifique du Mont-Perdu et du Cylindre ; en dix
minutes descendu au lac du Mont-Perdu demi-glacé ;
quitté le lac à 11 h. 15, tourné à l'Ouest sur le glacier,
à 1 h. 10 passé le col d'Astazou : la descente sur Gavarnie
demande des précautions, la roche est glissante comme
la glace, mais Laurent connaît tous les pas. A Gavarnie
avant cinq heures. »*

Chacun sait que le port de Pinède s'ouvre non sur un
lac, mais sur la vallée de Bielsa. Quel peut donc être ce
singulier « port de Pinède » d'où l'on descend « au lac du
Mont-Perdu » ?

On le devine, c'est la brèche de Tuquerouye.

La Tuquerouye, abandonnée depuis si longtemps, ayant
perdu son nom. Si bien que lorsqu'elle est retrouvée par
Laurent Passet, c'est sous le nom du voisin !

VII

LA « CENTIÈME » DU NÉTHOU.

Comme une pièce à succès, le Néthou s'achemine vers
sa « centième », la plus importante des représentations
après la « première ».

Près de trois cents visiteurs ! Sans compter les guides, Nate, Ursule, Estrujo, le clan des Redonnet, la tribu des Sors, les Lafont, les Barrau, les Ribis, Samson, Bourdette, Cier, Estoup, Barthélemy Courrège, et, dominant, l'illustre Michot, le Néthou personnifié. Des ascensionnistes français en immense majorité, des anglais beaucoup, les autres nations en proportion infinitésimale. Et déjà toutes les variétés de touristes : les grimpeurs éprouvés, — les savants, les géologues, Lézat sept fois, Bianchi, Lambron, Leymerie, Filhol, Packe, et en 1862 un paléontologiste, qui signe *Trutat, déterreur de crânes d'ours*, qui sera pyrénéiste pour toujours (nous le retrouverons) et qui monte avec un engin tout nouveau, révolutionnaire, sorte d'œil mécanique et enregistrant, infaillible... un appareil photographique ! — les occasionnels, se risquant séduits par le prestige du point culminant des Pyrénées, — les Parisiens, les provinciaux, ingénieurs, magistrats, notaires, officiers, — et l'inévitable fort marcheur qui « fait le Néthou en un jour », de Luchon, entre minuit et neuf heures du soir, — et les braves gens qui observent le baromètre et le thermomètre — et les bourguignons qui débouchent du Chambertin de 1846, — et vingt femmes, et un grec, et « un pompier de Toulouse ».

Sur le registre, aussi, toutes les variantes possibles d'inscriptions, les enthousiastes et les déçues ; les *thermomètre + 10* ; les *neige excellente, — temps magnifique, — vue admirable, — soleil du côté de la France, — enchantés, — splendide ascension, — jarrets vigoureux, appétit idem, — champagne frappé* ; — et les *enfoncé jusqu'aux genoux, — neige difficile, — vent à décorner les bœufs, — plaine couverte, — Espagne cachée, — brouillard intense.* Mais toujours : *très contents des guides, — guides dévoués, — guides prudents, — guides good companions* ; — et encore : *tiempo delicioso, — weather good but new snow, — vivat Polonia !...*

Enfin le 24 août 1863 un voyageur écrit :

« Remarquez, je vous prie, un tout petit nuage qui se forme dans l'extrême Occident, du côté de ces colosses, le Mont-Perdu, le Vignemale.... Il disparaît, il n'est plus !!! Remarquez ensuite le beau glacier que vous allez descendre ; il est moins crevassé que ceux du Vignemale ou du Mont-Perdu, mais plus étendu.... Voyez donc quel ciel ! Plus une tache ! Je n'ai rien vu de plus désolé et de plus grandiose que ce panorama : je vois le Canigou à l'Est, et à l'Ouest le pic de Balaïtous.... »

Le voyageur signe : *« Comte Henry Russell »*. Il a un compagnon d'ascension qui, après s'être associé à cet enthousiasme motivé, ajoute :

« Nos deux guides (Estrujo, Barrau) *dorment d'un sommeil profond après avoir bien mangé sur les bords du lac Coroné. Nuit charmante passée à la Renclusc, ascension facile, satisfaction complète. Mon compagnon fume un cigare ! sur le sommet du Néthou ! Proh pudor !* — *Ferdinand de La Brière.* »

C'est la centième du Néthou ! — Et c'est, comme les bonnes centièmes, le point de départ vers une carrière nouvelle : c'est le début d'une série d'ascensions par lesquelles, en trente ans, Russell fixera la géographie de l'admirable haute région des Monts-Maudits....

(La cent unième, le lendemain, pour être différente, est fameuse. C'était alors le temps d'une grande querelle scientifique. D'un côté, la *génération spontanée*, prônée par Georges Pouchet, Joly, Musset. Trois contre un. Mais cet *un* était Pasteur, qui défendait la *panspermie*. Le 25 août 1863, Pouchet, avec le jeune Pierre Ferras — depuis médecin à Luchon et une des plus originales figures luchonnaises — montait au Néthou, emportant des ballons chauffés, stérilisés, fermés, les ouvrait au sommet du pic, les remplissait d'un air pur et dépourvu de germes et filtré.... Peu après, les ballons, mis en expérience, pullulaient de microbes : triomphe de la spontanéïté, de l'*hétérogénie*... — D'un mot, Pasteur pulvérisa ses adversaires : stérilisation manquée, expérience mal faite. Les germes spontanés préexistaient : simples bacilles luchonnais qui s'étaient offert la cent unième du Néthou...!)

Cette année 1863, Russell fait seul le Perdighère, qu'il trouve porteur d'une tourelle. « *Il avait donc déjà été gravi* », remarque-t-il philosophiquement. Descente par le Crabioules.

Une course de vrai montagnard, et scabreuse : entrer en Espagne par le portillon d'Oo ; de là, sans descendre, droit sur le port d'Oo à travers contreforts, et rentrer en France.

Ce qu'étaient les Pyrénées sans carte ! Un jour, Russell va coucher à l'hospice de Viella. Le lendemain il pense faire le tour du Néthou et gagner Vénasque en *quatre heures*. Il en met *quatorze*, par Vidaillet, Castanèze, le col de Bacibé, faisant dans une chaleur torride soixante kilomètres !

Packe, qui en 1862 a fait une première visite à la vallée d'Arrasas, dont il deviendra l'apôtre, pénètre en 1863 dans cette vallée de Malibierne, si mystérieuse encore, entrevue, puis totalement oubliée : sorte de parc sauvage, d'une nature particulière qu'on a définie par une pétition de principe en disant qu'elle est « malibiernique ». Packe a non seulement retrouvé la vallée de Malibierne, mais il va l' « inventer », prôner, vulgariser, mettre à la mode : elle sera à lui.

Russell et Packe ne pouvaient s'éviter longtemps. Les

orbites de ces deux pyrénéistes de première grandeur s'étaient déjà plusieurs fois coupées. La rencontre était fatale. Un jour de 1863, au lac Bleu de Barèges, Russell fut « présenté » à Packe.

Dès lors, entre ces deux contemplatifs, amitié éternelle, avec une nuance de respect de la part de Russell. Amitié, courses à deux, mais sans être rivés et chacun suivant librement sa voie personnelle ; l'on se retrouvait maintes fois au bivouac ; on se quittait, on se reprenait. Sorte de partage des Pyrénées. Packe prit la part de l'homme d'étude, Russell la part du grimpeur. Mais lorsque Russell dit de Packe : « il me livrait généralement les sommets vierges, je lui laissais la mission plus utile et plus noble d'étudier leur structure, leur histoire et leur flore, de constater leur position, et de les mesurer : il était le virtuose et je n'étais que l'amateur », ne croyez pas qu'il fassse de la feinte modestie et qu'au fond il se soit réservé la part de l'aigle. Son admiration pour Packe, l'aîné, le chef, le savant, est sincère, ardente. D'ailleurs Packe, lui, ne fait pas le pic pour le pic : mais c'est néanmoins un montagnard, qui va droit aux sommets capitaux ; il travaille et cherche des plantes, il sait que son camarade cherche des sensations, il le laisse flirter avec les « pics de trois mille » inédits.

Ne vous représentez point Packe sans un autre compagnon de courses : un gros chien des Pyrénées. En Angleterre, il en avait une troupe, qui faisait vacarme et lui attirait des affaires de police.

Et ne vous représentez point Russell avec un piolet : il n'en usa *jamais*. Ni Packe. Le piolet, aux Pyrénées, est de transplantation plus moderne. Dans ces temps-là, vers 1863, on était encore exclusivement au bâton ferré. Pour les cas difficiles, sur la glace, les guides emportaient une hachette. Enfance de l'art !

III   3

Packe enseigna à son ami l'usage du sac à dormir. Avec son célèbre sac en peau d'agneau,

Dans ce glorieux où Russell s'enveloppe,

et avec lequel il fera toutes ses campagnes jusqu'à la fin du siècle, la physionomie du comte Russell devient complète et définitive. Plus de préoccupation du gîte et de la descente, lui qui exècre descendre ! Quand la nuit va venir, il suffit d'aviser un rocher surplombant : dans les régions de granit, il n'en manque jamais.

En revanche, Russell, montagnard de bonne hygiène, d'appétit impérieux, de sommeil réparateur, ne put jamais inculquer à Packe l'art de se ménager, de bien se nourrir et de bien dormir. « Vous mangez votre capital, vous le paierez plus tard, » lui disait-il. En montagne, Packe mangeait peu et vivait sur ses nerfs. Excellent montagnard de neige, moins remarquable sur le rocher, détestant les « chaos », et marcheur terrible. Marchant très lentement au début et s'arrêtant souvent ; mais sur la fin des courses, des allures folles. Un jour, à pied, sans guide, les deux amis firent l'énorme trajet de Bielsa à Arreau par le port d'Ourdisset, en ne mangeant que des œufs durs, parce que les côtelettes de chèvre emportées de Bielsa étaient des morceaux de carton à casser les dents. Arrivés à Vielle-Aure, dix heures du soir, Russell était tenté de capituler et faisait des yeux en coulisse à une auberge. Packe l'entraîna comme une trombe, les derniers kilomètres furent vertigineux....

RUSSELL. — PACKE.

VIII

ASSAUT DES PICS DE TROIS MILLE.
1864. — PIQUE D'ESTATS. — CARLITTE.

Du fait de leur rencontre, Russell et Packe redoublent d'enthousiasme et d'énergie. Dans les profondeurs peu connues de la chaîne, loin du monde, loin du promeneur banal, ils vont, montent, bivouaquent, ils sont partout. A eux les Pyrénées ; pendant quelques années, ils peuvent s'en croire les seuls possesseurs. Beau domaine ! La « vie inimitable » !

Russell est libre d'esprit : il vient de publier son livre des *Seize mille lieues*. Deschanel en rendra compte élogieusement (*Débats*), et de Mazade (*Revue des Deux-Mondes*). J. J. Ampère écrit son dernier article (paru dans les *Débats* du 2 octobre 1864) précisément sur ce livre, et sur son jeune auteur *qui a l'instinct voyageur, instinct à part, et la fibre du nouveau, de l'inconnu, de l'errant.*

Packe se met à préparer une seconde édition de son guide, entièrement nouvelle, à laquelle il va travailler plusieurs années (elle paraîtra en 1867).

On y trouve cette indication : « *De Gavarnie, une intéressante et nouvelle route peut être prise pour aller à Luchon, passant par Torla, Fanlo, Bielsa ou Escalona, et Plan, avec une belle course sur le port de Gistain et le port d'Oo.* » Tonnellé étant inconnu, ces quatre lignes constituaient un texte fameux, considéré comme point initial des explorations du haut Aragon. (Vers 1864 ?)

Venons aux courses de date certaine.

La campagne de 1864 est mémorable.

Seul, partant de Pau à pied, dans une course à la Chausenque, Russell vient à Luchon, Montgarri, Alos, et par le port de Salau rentre dans ce département de l'Ariège où Chausenque avait été pris pour un insurgé. Or l'Ariège en 1864 est dans l'épouvante, après le quadruple assassinat de Labastide-Besplas (pour lequel Jacques Latour fut bientôt exécuté). Des douaniers arrêtent cet homme errant, qui a l'air de vagabonder entre la France et l'Espagne, le mènent à Saint-Lizier, où des gendarmes *lui demandent son passeport!* Le comte Russell vit bien, jetant un coup d'œil sur lui-même, que dix-sept jours de marche l'avaient accoutré comme un suspect; mais, tout de même, il fut horriblement choqué. Et pour toujours (il est de première impression indélébile) : la demande de passeport restera éternellement son plus mauvais souvenir, à côté des souffrances du désert de Gobi. Trente-cinq ans après, à la fin du XIXe siècle et les passeports dès longtemps abolis, il demeurera convaincu que le département de l'Ariège est une terre fermée au voyageur, où l'on ne peut circuler, parce que l'on vous demande votre passeport à chaque pas....

Il continue cependant; il fait, entre autres ascensions, le Montcalm, aisément, et avec son complément naturel, la Pique d'Estats.

En juin, Russell fait d'abord un pic de Carlitte *solo*, de

Mérens, par le grand lac Lanoux, — région mystérieuse
encore pour les touristes (le *Joanne* de 1858 ne la connaît
pas) — et couronne d'un *cairn* monumental ce pic, « le
vice-roi de l'Est », à l'horizon immense et désolé.

Trois jours après, reprise du Carlitte en duo, avec
Packe qui va herboriser dans les Pyrénées orientales.
Ascensions du Rialp, du Puigmal, excursion en Andorre,
Canigou.

Dans le massif des Monts-Maudits ; un fait nouveau :

Au retour de l'excursion Viella-Vidaillet-Vénasque,
Tonnellé notait : « *J'ai eu une désillusion dans cette
tournée : je croyais faire le tour de la Maladetta, et on
ne l'aperçoit point. Pour en connaître le côté Sud, il
faudrait l'enserrer dans un cercle plus étroit.* » Packe le
fait. Avec M. Mathews, dans une superbe excursion, il
campe au Trou du Toro, passe le col neigeux des
Salenques, connu alors des seuls contrebandiers (très
visible du port de Vénasque) et au lieu de redescendre
vers la Ribagorzana, se jette immédiatement sur la droite,
dans l'inconnu, à travers crêtes glacées et vallées brûlantes
semées de lacs, et émerveillé de ce dédale du Sud des
Monts-Maudits. Il arrive directement aux granges de
Castanèze (On n'a pas d'autres détails).

Russell, lui, le 13 juillet, est à la cabane de Turmes,
convoitant le Posets, et n'ayant d'autre donnée sur la route
à suivre que le vague mot de « Baticiel » (Batijiellas). Se
fiant à son instinct, et racolant au passage un de ces bergers
ignorants « qui ne voient rien, surtout sur la glace », il
manque la vallée de Baticiel, prend la première qui se
présente, s'égare dès le début, mais continue avec
audace l'interminable montée vers un pic décevant qu'il
prend pour le Posets, passe à un lac triangulaire qu'il

appelle de Turmes (de Bardamina), franchit dérouté et triste une brèche diabolique, découvre, le cœur ému de joie, le faîte du Posets, se trouve sur le glacier Nord, ou de Paoul, le monte jusqu'au col terminal, éblouissant de neige, où la route Baticiel aboutit par le Sud, le baptise *col de Paoul*, et termine à trois heures par la rimaye, la cheminée, la fausse cîme et la longue arête. Vue d'une splendeur incomparable ! Entre autres points, la Maladetta saisie par le côté. Aussitôt, une idée « excentrique » : Si on essayait le Néthou en spirale et par le Sud ? Sur ce, Russell donne une poignée de main à son inutile berger, et le renvoie à sa cabane. Pour lui, qui vient d'inaugurer la montée du Posets par le Nord-Est, il inaugure aussi l'itinéraire par le Sud : deux heures « de folle descente » le mènent au village d'Eristé, dans la vallée de l'Essera.

Deux jours après, avec un berger espagnol — encore ! — partant de l'hospice de Vénasque, il grimpe à la brèche d'Albe, se trouve avec une émotion et une surprise indicibles au bord du grand lac de Gregonio, insoupçonné de lui ; le longe par la gauche, inquiet, dérouté : où est le Néthou ? arrive au large col, qu'il baptise *col de Gregonio*, et où il va « apprendre son sort ». Extase, ivresse, électricité ! le Néthou est là. Pour éviter les glaces, il monte, par le rocher et très difficilement, au pic Coroné (3,300) ; de là, descente au petit lac Coroné du versant Nord. L'espagnol, épuisé, s'arrête, faisant jurer à Russell, sur son honneur, qu'il redescendra par là pour le reprendre. Russell arrive au sommet, seul, triste et glacé, inscrit son itinéraire sur le registre, repart au bout de cinq minutes et cueille son aragonais ragaillardi qui le fait descendre, « comme s'il avait des ailes, et au risque de se briser les jambes dans les chaos », sur les bains de Vénasque. Il rentre à l'hospice avant la nuit.

Un an plus tard, Russell découvrait que son itinéraire lui avait fait retrouver, dans ses lignes essentielles, celui des premiers vainqueurs du Néthou !

IX

LE PIC DES HERMITTANS. — LE LUSTOU. — LE CYLINDRE. LE BALAÏTOUS PAR L'OUEST.

De Luchon, Packe veut aller herboriser au lac Caillaouas. Russell l'accompagne. Donnant rendez-vous à leurs guides, Haurillon et Barrau, au lac, pour le soir, Russell et Packe, montent, par le val d'Esquierry et le col de Couret, à l'étroit passage de la Porte d'Enfer, très improprement nommée, puisque c'est la seule qui conduise au salut : à côté sont d'autres portes, fausses, qui mènent à l'abîme. Région morne, dangereuse, aujourd'hui peu pratiquée, sauf des pêcheurs qui apportent, par le plus court, aux hôtels de Luchon, les truites de Caillaouas. Un brouillard glacé vint ; les voyageurs se trompèrent de passage, et commencèrent la descente sur un couloir lisse et vertigineux, bientôt à pic, et fuyant sous les nuages. Le jour tombait. Fatigués, affamés, mouillés, démoralisés, ils s'arrêtèrent, et durent passer la nuit couchés, immobiles, collés aux flancs d'un précipice, sans vivres et sans couverture, transpercés par une petite pluie glacée, avec la perspective de la perdition complète si le brouillard ne se levait pas. Nuit terrible, (à rapprocher de la célèbre nuit passée depuis, dans l'Oisans, au « campement Castelnau », par le vainqueur de la Meije et son guide Gaspard). L'aurore ramena le soleil ! Ils remontèrent, passèrent la vraie porte d'Enfer.

Le lendemain, laissant Packe herboriser, Russell avec Haurillon, montait aux lacs glacés dits : Gourgs-Blancs, et faisait capituler la cime encore vierge du pic des Hermittans. Superbe pic (3,114), qui restera toujours ignoré, étant trop éloigné de toute base d'opération. Grande vue. Magnifique conquête par laquelle Russell prend possession de cette région inexplorée des Gourgs-Blancs, laquelle, avec celle des sommets d'Oo, et celle des pics du Lys, constitue cette trilogie dont Ramond, de loin, faisait un seul massif, qu'il appelait « la montagne d'Oo ».

Russell et son guide descendirent « sur d'éblouissants névés à pentes très douces, y déjeûnant sur un îlot où frissonnaient les renoncules glaciales, tandis qu'à gauche un des plus beaux glaciers des Pyrénées tombait majestueusement en cataractes, formant un vrai chaos d'aiguilles de glace, inondées d'une lumière que l'habitant des villes n'a jamais vue. Mais il gelait à l'ombre, et le tableau était extra-polaire ».

Autre beau pic, le Lustou (3,025), sur le chaînon qui sépare le bassin de Louron du bassin d'Aure ; observatoire magnifiquement isolé, planant sur les grandes Pyrénées prises par leur milieu, avec vue de premier plan sur les Gourgs-Blancs. Russell, escorté d'un chasseur, l'enlève en deux jours, d'Arreau, sans grande difficulté.

Maintenant, un morceau exceptionnel.

Russell est à Gavarnie, à l'hôtel Belou, avec Packe et Emilien Frossard fils, et parle de monter le Cylindre. « La coupe monumentale, les lignes babyloniennes et perpendiculaires de ce géant de marbre lui donnent un air tellement inaccessible que je trouvai peu d'encouragement », dit-il.

On combine une double expédition : Packe et Frossard iraient au Mont-Perdu, Russell au Cylindre, on ferait d'abord route ensemble ; puis d'un sommet à l'autre, on essaierait une conversation. Le son arriverait-il ? Et Laurent

Passet de répondre avec la placidité des montagnards :
« *Vous pourrez toujours parler ; si vous pourrez
entendre, je ne sais pas !* » Mais le temps étant brumeux,
Packe renonça au voyage. Russell et Frossard partirent à
neuf heures avec Hippolyte Passet, passèrent le col de
l'Astazou à midi, s'embarquèrent immédiatement sur le
glacier très crevassé du Mont-Perdu ; à gauche brillait le
lac glacé, portant des icebergs. Frossard, fatigué, ralen-
tissait ; l'heure avançait et il n'y avait pas de temps à
perdre : manquant une occasion unique, il pria son
compagnon de le laisser et de continuer seul. Une heure
après, ayant escaladé un couloir difficile, Russell et
Hippolyte débouchaient sur l'immense col du Mont-Perdu,
descendaient, sans perdre une minute, au petit lac, et au
hasard, prenaient la première raillère venue, qui les mettait
sur l'arête dorsale ; ici, quelques minutes de gymnastique
des pieds et des mains, puis pentes plus douces, cime,
et « vue d'une splendeur indescriptible, plus belle que
celle du Mont-Perdu ». (Celui-ci avait mis à se laisser
forcer, dix ans ; et la seconde des « trois sœurs »
capitulait à première réquisition, en dix heures !) Mais
il était tard ! Le crépuscule prit les ascensionnistes aux
rives du lac glacé. Le retour fut périlleux : descendre les
Rochers-Blancs la nuit ! Leur blancheur fut précieuse :
« *Bien qu'il n'y eût pas de lune, on voyait quelque
chose, et on palpait l'abîme* ».

Packe, lui, est repris de l'idée du Balaïtous, « du
Bat-Laiteux ». Un américain est venu, qui a essayé de
tâter du redoutable pic, et en a été pour ses frais. Packe,
acompagné de Jean-Pierre Gaspard, après dix jours de
tâtonnements, prend par l'Arribit, Bacrabère, les passes de
la Barane et ascensionne enfin la fameuse arête Ouest, en
se cramponnant aux obélisques de rocher disloqués. Il n'est

pas seul : sa chienne Ossoue, « célèbre par son agilité et son talent pour sauter », donne des signes d'hésitation et semble refuser d'aller plus loin. Enfin, continuant l'ascension la plus vertigineuse, il atteint le sommet, et y trouve une tourelle, des piquets de tente, des vestiges de feu.

(Coïncidences curieuses : l'année où Peytier séjournait au sommet du Balaïtous, 1826, naissait Packe.

L'année ou Packe reprenait le Balaïtous, 1864, mourait Peytier).

Packe attribua l'ascension au capitaine Saget : il avait trouvé ce nom sur la carte d'État-Major, parmi ceux des officiers topographes.

Dix jours après, le 25 septembre, avec Gaspard, Russell à son tour arrivait au sommet du Balaïtous par la même voie, mais variait la descente, par les lacs de l'Arriel, sur Sallient. De son ascension il donne immédiatement au *Mémorial de Pau* un récit qui fait sensation ; quoi qu'il ne soit qu'un « premier état », et bien loin de la forme saisissante qu'il prendra plus tard, avec ces « *Ici nous commençâmes à nous élever très sérieusement à l'Ouest dans une gorge granitique* (l'Arribit) *où l'on n'entendait plus d'autre bruit que celui du torrent qui descendait en cascades écumeuses et tonnantes.... Encore quelques pelouses parsemées de quelques pins attristés, deux petits lacs plus verts que l'herbe de leur rivage, et nous voici devant un gigantesque entassement de blocs énormes.... Figurez-vous un rocher prodigieux, cubant au moins cent mètres et ne touchant au sol que par instant, c'est la tour d'Arribit.... Mais l'aurore a paru. Le front du monstre que nous allons dompter devient tout rouge.... Nous pénétrons dans le vallon glacial et nu de Bacrabère ...* » etc. Puis, plus loin, l'énorme *rocher du Déjeûner*. Et enfin « *l'arête vertigineuse, étroite et disloquée, qui semble escalader les nues, car nous n'en voyons pas la fin.... C'est le plus mauvais pas des Pyrénées.... De chaque côté de cette arète descendent des précipices de cinq à six cents mètres, cuirassés de verglas et polis comme une glace, leur base se perd dans une ombre bleue... nos pieds nous servent à peine : au bord de nos semelles s'ouvrent le vide et l'éternité.... Enfer de rochers où l'on risque un instant sa vie.... »* Et la cime atteinte tout à coup, et l'Océan brillant au Nord-Ouest comme une cuve à mercure...

La reconquête du Balaïtous est un événement capital. Le pyrénéisme étant une balance à deux plateaux, basculant encore fortement du côté du plateau Luchon, le Balaïtous est un poids formidable jeté dans le plateau Cauterets-Gavarnie ; il commence à déterminer un renversement de situation et à décentrer l'intérêt. Le Perdighère pâlit. La Tusse de Maupas n'est plus rien. Tout au Balaïtous ! *Il n'y a que lui! Il n'y a que lui!* Sans doute, le Balaïtous ne sera pas éternel, on lui trouvera des facilités. Mais il a dix ans devant lui, pendant lesquels il va jouir d'un prestige incomparable.

(L'année suivante, 1865, le guide Orteig, le fameux Orteig, des Eaux-Bonnes, arrivait au sommet par l'Est, le grand glacier de Las Néous et la vertigineuse cheminée).

X

LA MUNIA.

Nous avons vu des sommets capitaux, le Vignemale ou le Posets, avoir une mauvaise « première », et d'autres — les grands sommets de la chaîne orientale — pas de « première » du tout, comme s'ils avaient été pratiqués de tout temps. Voici, dans ce cas, en pleines hautes Pyrénées, un pic de premier ordre.

Il ne se cache pas, celui-ci ! Il tire l'œil, fermant le fond du cirque de Troumouse. Ramond l'appelait « la montagne de Troumouse », nom qui peut convenir à sa base, sur une grande lieue de large, mais non à sa crête, répartie, comme toujours, en plusieurs pics de noms différents. Le plus oriental : *pic de Troumouse* proprement dit (3,086 mètres). Puis tout près à l'Ouest, le pic de *Serre-Mourène*. Un kilomètre plus loin, le point culminant (3,150), ce dernier jamais nommé encore dans les récits pyrénéistes. Il est beau, imposant, engageant même, de face, avec ses larges gradins : ne pas s'y fier…. De profil, il est en lame de couteau ! C'est pourtant de profil qu'on l'aborde, par cette arête vertigineuse constituant le sommet du cirque de Troumouse, et qui, de tout temps, semble avoir été le paradis des chasseurs d'isards ! Dès 1825, on avait conduit au pic de Troumouse proprement dit les géodésiens.

En 1864, la feuille de Luz de la carte d'État-Major paraissait, et nommait la cîme de 3,150 mètres : *la Munia !*

(La minute de la carte, par le lieutenant Péro, 1851, écrivait : *pics de la Munia*).

La Munia, la Mugne, nom imprévu, nouveau, d'une montagne frontière de premier ordre, d'un sommet incomparable qui a tout pour lui, dominant, central, isolé, point de tangence de plusieurs cirques; et une vue avec premier plan, et quel premier plan ! le Mont-Perdu, littéralement sous la main, vu par le Nord-Est, dans toute sa magnificence ! En plus beau, ce que Ramond et Chausenque, du haut du port de la Canaou, avait exalté.

La révélation de ce nom est la suite du déplacement de l'intérêt pyrénéiste et l'origine d'un nouveau lexique de pics, qui entre les dents de la chaîne jusqu'ici connues vont bientôt surgir, comme une série *bis*.

Il y avait alors à Héas un chasseur d'isards, Victor Paget, uniquement connu et célèbre sous le surnom de Chapelle (est-ce parce qu'il habitait à côté de celle des missionnaires ?) : une des plus pures figures de montagnard de la vieille roche ; brave à toute épreuve, agile, adroit, bien que boîteux — d'un accident arrivé en plaine, — loyal, honnête, estimant qu'on le payait toujours trop ; ardent : quand il se trouvait trop d'énergie, il se saignait lui-même ! Chasseur passionné, allant à l'affût déguisé en isard, au moyen d'une peau de l'animal, et coiffé d'une tête d'isard, cornes comprises. Chapelle, depuis un tiers de siècle, sur la crête périlleuse du cirque de Troumouse était chez lui : plein de l'orgueil de son domaine, il aimait à faire faire ce terrible tour du propriétaire. Il fut la Munia faite homme.

Le premier touriste connu qu'il conduisit à cette Munia fut Packe. Ascension faite probablement par l'Ouest, par le *col de la Munia*, vers 1864 (??).

Packe, avec son système de ne pas décrire, a laissé un peu tomber la Munia. Mais elle va se relever. C'est une montagne d'avenir.

XI

1865. — LE PIC DE MALIBIERNE.
LE LAC PACKE ET LE PIC RUSSELL.

En 1865, les deux amis sont à Luchon.

Russell fait la Tusse de Maupas, à sa manière, droit sur le sommet par la crête Nord. Brouillard. « *Je réussis, mais voilà tout* », note-t-il sèchement.

Enthousiasmé l'année précédente par la variété des

scènes, et en même temps dérouté par l'inextricable agencement des vallées dans la région Sud du Néthou, Packe a conçu l'idée de dresser la carte des Monts-Maudits, au 80.000ᵉ, pour se raccorder à la carte de l'Etat-Major français, dont une des deux feuilles capitales (Luz) vient d'être publiée. Il a déjà les éléments d'une carte du Posets, montagne formidable et massive de cent cinquante kilomètres carrés de base.

Pour lui, les Monts-Maudits cessent d'être l'éternel point — le Néthou — au bout de l'éternelle ligne — la trace d'ascension. C'est un monde! de plus de deux cents kilomètres carrés.

Logique immanente des choses! La carte du versant français paraît : quel sera désormais le *desiratum?* le but de tous les travaux? Avoir la carte du versant espagnol. — Les Espagnols y pensent. — En fait, c'est Packe qui la commence.

Muni d'instruments sommaires, boussole, baromètre anéroïde, appareil à déterminer l'altitude par le point d'ébullition de l'eau, et Lézat faisant à Luchon les observations correspondantes, il attaque le travail dans trois séjours au Sud du massif, en tout trente-et-un jours de campement, avec Vénasque, Sénet ou l'hospice de Viella comme points de ravitaillement.

Le 14 juillet il monte à la cabane de Malibierne avec un ami, un anglais, le capitaine Barnes.

Le 17 il le mène au Néthou par Erioueil.

Sur la fin de cette journée, pendant que Packe, Barnes et leur guide Gouchan descendent du Néthou par le Sud, Russell y monte par le Nord, parti le matin de Luchon avec son ami le capitaine (futur amiral) Hoskins, de la marine anglaise, qui l'a prié de l'accompagner : il n'a consenti, déjà blasé sur cette ascension, qu'à la condition qu'on fera

quelque chose « d'excentrique et d'entièrement nouveau » :
on passera la nuit au sommet !

Pourquoi excentrique ? Osé certes pour l'époque, et l'on
eut du mal à trouver un guide consentant. Mais très sensé :
le Néthou hors de l'heure banale : le coucher et le lever du
soleil vus du point culminant des Pyrénées ! Le coucher du
soleil fut prestigieux ; l'apparition de la lune, spectrale et
magique ; puis un orage, splendeur infernale. Russell,
cependant, avoue qu'il était mal à l'aise. Les rafales mena-
çaient de cueillir les audacieux, couchés en travers de la
crête entre deux abîmes, les pieds dans le vide : ils s'amar-
rèrent avec la corde à l'une des tourelles élevées par les
touristes. Enseveli voluptueusement dans son sac, Russell
dormit. Hoskins, dans de simples couvertures, gela, claqua
des dents, devint bleu, et pour conserver son dernier calorique dut enlacer fortement son ami. Dans cette attitude
« touchante », ils attendirent l'aurore en frissonnant.
Quant au guide, toute cette nuit « sublime », il la ronfla.
Au lever du soleil, il y eut un moment, trop court, de
magnificence : « à se mettre à genoux ».

« *Passé la nuit ici, avec le guide Capdeville qui a bien
fait son devoir* », inscrit Russell sur le registre.

Packe et Barnes, avec Firmin Barrau et Charles — et
la chienne Ossoue — font la première ascension du pic
« imposant » de Malibierne, magnifique observatoire avec
vue toute nouvelle sur le Sud des Monts-Maudits (bien
différent du Nord). Un détail intéressant, qui aura sa réper-
cussion plus tard : comme ils sont montés par l'Est, ils se
trouvent dès l'abord sur la vraie cime, l'orientale, séparée
d'une fausse cime occidentale par une lame de calcaire
périlleuse : une « taillante », comme on dirait aujourd'hui,
dans la force du terme. Donc, nul besoin de se risquer
sur ce « pont de Mahomet » idéal, que peu de pyrénéistes

aborderont. Mais sur la fausse cime Packe aperçoit quelques pavots : aussitôt captivé il franchit la fameuse lame. A l'Ouest du pic de Malibierne est un sommet secondaire, une « sentinelle avancée » où Packe trouve un pavot rare et « attirant », le pavot *suaveolens* de la Peyrouse ; et le bon Packe de nommer ce sommet *pic Papaver !* Plus loin, à l'Ouest du col de Castanèze, il a créé un « pic Bouquetin » (la Tuqueta blanca ?).

Packe, toujours peu susceptible en fait de priorités, demeura intraitable sur celle du Malibierne.

Cirque polaire d'Oo, Posets, Malibierne : sommets d'un triangle qui définit Packe et détermine sa spécialité de pyrénéiste ; il est un des premiers qui aient poussé au mouvement vers les parties les plus hautes et les plus neigeuses de la chaîne, et l'initiateur de la passion pour les fonds les plus sauvages, dans leur fierté, des Pyrénées aragonaises.

La campagne de quinze jours terminée, Packe et Barnes partent par le col et le lac de Grégonio, franchissent l'arête de faîte (au col de la Maladetta) et, descendent par le glacier, en remarquant des crevasses « que je ne crois pas avoir été traversées depuis la mort de Barrau dans l'une d'elles », dit Packe. (Il en est donc à son premier passage du glacier de la Maladetta ? Et il se trouve franchir la crevasse fatale accompagné d'un descendant de Barrau ! il fallut, dit-on, creuser un tunnel dans la neige pour débarquer.) Ils campent à la Rencluse, où ils trouvent trois amis anglais, que le lendemain ils conduisent au Néthou.

Dans une seconde expédition de sept jours, 7-14 août, en passant par le col des Salenques, la gorge de Féchan, et bivouaquant d'abord à moitié hauteur entre la Ribagorzana et les lacs de Rio-Bueno, à la cote 1.703 mètres, dans une forêt où sont les plus magnifiques sapins des Pyrénées, c'est à Russell que Packe fait les honneurs de son beau domaine du Sud des Monts-Maudits : forêts, granit, vingt-six lacs, truites surfines, pêche à la mouche artificielle, et pics de trois mille à discrétion. Parti d'un campement rude, dénudé, glacial, aux lacs de Rio-Bueno, Russell aussitôt conquiert un de ces pics, par erreur, en le prenant pour un autre. Seul, il se lance, au Nord-Ouest du col de Malibierne, vers une pyramide en apparence inaccessible et « loin d'être facile ». Avec Russell on sait ce que ceci veut dire. En moins d'une heure, après avoir escaladé avec les mains, « pour ne pas dire avec les dents », un couloir neigeux, il met sous ses pieds le sommet, à l'extrémité de cette farouche et grandiose crête que le Néthou projette jusqu'à quinze cents mètres au Sud-Est (la future *crête des Tempêtes*); il a même « l'idée bizarre » de continuer par cette crête sur le Néthou. « Il n'est pas bon d'être seul sur ces arêtes néfastes et meurtrières, véritables ruines à pic sur des glaciers », réfléchira-t-il plus tard, « *mais alors j'étais jeune... trop jeune!* » Néanmoins il doit bientôt rebrousser; l'heure avance, et il aperçoit une immense brèche, en forme de V, béante, diabolique, ouverte entre lui et le Néthou (la future *brèche des Tempêtes*). Il revient donc à son pic, et le quitte le nommant « le petit Néthou » (3,204 : deux cents mètres seulement de moins que le grand frère).

Le lendemain, toujours seul, Russell monte au Malibierne « le plus facile des sommets de trois mille ». Lui aussi arrive par l'Est sur le vrai sommet « *Inutile de passer* », dit-il, « *au risque de sa vie, sur l'extrémité occidentale, séparée de l'autre qui est tout aussi bien la cime, par une lame de calcaire où les deux pieds d'un homme tiendraient à peine* ».

Le nom de « Petit Néthou » fut très provisoire.

Les petits cadeaux entretiennent l'amitié. De cette campagne en commun va résulter un échange de présents. Russell offre à Packe un lac (un des plus grands de la région avec le lac Liouset); c'est le « lac Féchan » de Packe (?) : il devient le *lac Packe* (son vrai non espagnol est lac Lavall). Packe fait don à son ami d'un pic : le ci-devant Petit Néthou devient le *pic Russell*.

Bien jugé. Nulle part le nom de Packe ne saurait être éternisé mieux que dans cette région — non banale encore aujourd'hui — du trans-Néthou. Nulle part celui de Russell mieux qu'au faîte des Pyrénées; mieux que dans ce Sud-Est des Monts-Maudits si inconnu, si insoupçonné du promeneur ordinaire (du port de Vénasque il est totalement masqué); mieux que sur cette magistrale crête qui, ne descendant jamais au-dessous de trois mille mètres sur une lieue et demie de long, assure au massif de la Maladetta le titre indiscutable, malgré toute comparaison, de montagne de premier ordre.

XII

LE COTIEILLA.

Revenu du pic de Malibierne au camp de Rio-Bueno, Russell, tout à coup, n'y tient plus! Encore une fois il vient de revoir en Aragon, après l'avoir vue dans toutes ses grandes ascensions, une montagne orgueilleuse et aride, isolée, massive, au profil de volcan, et qui fait forcément penser à l'Etna. Montagne obsédante, visible de partout, surgissant à l'Ouest pour les hauts sommets de Luchon, à l'Est pour ceux de Gavarnie; pour ceux d'Aure, au Sud. Montagne grande à couvrir Paris, et cependant inconnue : des français, tout à fait ; des espagnols, à peu près.

Cette montagne si visible et si mystérieuse, dont alors on ne sait même pas le nom, que Peytier a visée sous la désignation de *pic près de Savarillo* et cotée 2,910 mètres, mais qui représente pour plus de trois mille, Russell en a l'idée fixe. Il la lui faut.

Il dit adieu à son ami Packe qui continue ses travaux, et déjà fatigué par une semaine de séjour « dans la partie la plus déshéritée des Monts-Maudits », prenant avec lui son porteur Francisco, de Luchon, il quitte ce campement glacial et peut-être un peu affamé de Rio-Bueno, où les bergers volent les truites pêchées la veille ! D'assez triste humeur il descend à « cette ignoble ville de Vénasque, remplie de calorique, d'odeurs et d'immondices, où un dîner de quarante sous, qu'il faut attendre deux heures, se paie six francs, où l'on croit manger du caoutchouc en mangeant de la viande, pour être ensuite dévoré soi-même si l'on a le malheur ou la folie d'y coucher ». — Tableau peu flatté. — Mais au moins, ici, les gens, « bien qu'horriblement sales » sont respectueux : *ils ne vous demandent pas votre passeport!...*

Pendant qu'il se fait cuire des gigots pour vivre cinq jours, Russell s'informe de sa montagne. On le regarde comme s'il était halluciné ! Introuvable, cette montagne qui est sous la main ! Il faut chercher cette masse comme s'il s'agissait d'une aiguille. Aujourd'hui cela paraît invraisemblable. Mais alors, le haut Aragon était le pays le plus inconnu de l'Europe.

Traversant Eristé et arrivant à Saoun, à l'altitude de huit cents mètres, Russell estime avoir assez descendu ; laissant l'Essera, devenu torrent furieux, continuer vers la plaine sa course vagabonde, il remonte à droite dans une gorge où il couche. Aridité complète.

Au matin, il atteint un col, qu'il nomme « col inférieur de Gistain » (pour le distinguer du « col de Gistain », au Nord du Posets), et qui est le col de Saoun. Le Néthou, le Posets, le Mont-Perdu paraissent : mais ces vieux amis ne sont rien, *ils ont perdu depuis longtemps le charme de la nouveauté.* Soudain au Sud-Ouest, surgit le fameux pic. Enfin ! « Masse décourageante et nue, sorte de squelette solitaire et lugubre, à peine couvert de chairs ardentes, l'air lamentable, caduc et consterné d'un vieux volcan qui va s'éteindre. » Il est là, tout près, et il n'est que neuf heures. Russell ne doute pas de l'atteindre largement dans la journée. Mirage des atmosphères trop claires ! Il est là, « brûlé partout, montagne de cendres : la neige qui sillonne ses vallons désolés augmente encore sa tristesse ; elle rappelle ces larmes qu'on peint en blanc sur les cercueils ! »

Et cependant l'ensemble de cette espèce de monstre est empreint « d'une majesté bizarre ». « *Je le saluai et j'allai à lui !* » Qu'importent d'ailleurs son aspect et ses couleurs ? Le seul but c'est d'en triompher! « *D'autres feront le portrait de ce géant sauvage.* »

Des gens du pays donnent son nom : c'est le Cotieilla.

Sensations nouvelles ! voluptés inédites, irritantes, et parfois amères ! Russell, qui n'a pas déjeûné, veut boire en ménageant son vin. Point d'eau ! Deux heures de recherches dans une forêt clairsemée de sapins gigantesques pour trouver un filet avare et boueux ! Voici le pays de la soif, de la faim, du chaud, et de la désolation !

A trois kilomètres du col de Saoun est un autre petit col (de lac Coronas), Russell le passe : bientôt tout le pays se dépouille, il faut monter sur d'arides pentes, brûlantes, sans autre ombre qu'un bosquet de vieux pins décrépits,

« ressemblant à des cadavres oubliés là après la destruc-
tion de leurs confrères » ; enfin, parvenu sur une crête de
calcaire, son regard découragé se lance tout à coup sur
l'énorme masse du Cotieilla, dominant encore de huit
cents mètres, et dont le sépare aussi effectivement qu'un
bras de mer un cirque immense, capable de contenir une
capitale, prodigieux cratère vide et silencieux où des
neiges éternelles indiquent qu'il règne un froid glacial.
Pas un oiseau, pas une cabane, pas une goutte d'eau....
Mais plus près, au midi, des troupeaux, des bergers, un
enclos de pierres : « que peut vouloir de plus un homme
raisonnable? » Russell, envoyant Francisco au village de
Barbaruens chercher du vin, s'allonge au grand soleil
d'Espagne, pour livrer sur de chaudes pelouses ses
membres au repos et son esprit à la rêverie.

« Tout s'y prêtait. Le calme et le silence étaient
extraordinaires. Rien ne bougeait que le soleil.... Bientôt
il s'abaissa, habillant d'écarlate le pic de *Turbon*, le seul
qui, du côté de l'Espagne, approchât de mon niveau. La
grande ombre du Cotieilla sortit en montant de la vallée
profonde de l'Essera pour envahir à pas lents et comme
un spectre les collines rougies de l'Aragon, et lorsque je
m'arrachai à la contemplation de ce spectacle éternellement beau, bien qu'il soit de tous les jours, j'entendis
frémir et bêler confusément les immenses troupeaux qui
m'entouraient, et qui regagnaient nonchalamment, mais
non paisiblement, leur gîte accoutumé.... Quatre mille
moutons.... Les bergers fougueux de l'Aragon essayaient de
les cerner bien qu'ils ne fussent que deux : ils vociféraient,
brandissaient leurs houlettes et les lançaient comme la
foudre, juraient et hurlaient... »

Cependant, ce tonnerre vivant cesse de gronder. Russell
s'endort dans son sac; la solitude est complète et
solennelle. Au milieu de la nuit, des loups viennent enlever

un agneau, et les quatre mille moutons, affolés, exécutent
sur le voyageur une charge à fond....

Le lendemain de bonne heure, Francisco n'étant pas
revenu, Russell, conduit par un berger, traverse cet
étrange *cirque d'Armenia*, mer de calcaire horriblement
bouleversée, hérissée de vagues de dix à cent mètres de
haut, et creusée de puits profonds : « véritable tempête de
calcaire, la navigation y est accablante, sans jamais trouver
une goutte d'eau.... » Enfin, après deux heures de
traversée, brèche, une heure et demie de crête, et la
cime, portant une pyramide (élevée par les ingénieurs
espagnols ; la carte du versant espagnol était « dans l'air ») :
il estime que la montée par Saravillo serait « une expérience
à faire » (elle est faite : les ingénieurs sont montés de
Saravillo *par des chemins extrêmement pénibles*, dit
leur rapport).

Le Cotieilla est, en Espagne, symétrique de l'autre côté
de la crête-frontière au pic du Midi-de-Bigorre. On
pourrait l'appeler *Pic du Nord de Campo* : observatoire
très élevé, très en arrière et détaché de la chaîne, et
semblant se dresser d'un seul jet sur la plaine espagnole.
La vue est incomparable : mais Russell, cette fois, ne put
que la soupçonner : le temps, aigre, était nébuleux.

Peu importe. L'ascension était capitale. — Quoi ! d'un
pic non dangereux ? — Parfaitement : ce n'est pas en
hauteur et par la difficulté que la connaissance pittoresque
des Pyrénées va désormais se développer : c'est en large,
et par la couleur !

Les notes que Russell vient de prendre — et qui
deviendront un récit coloré, puissant, plusieurs fois
répété : le « tableau du Cotieilla » — ces notes sont une
fenêtre ouverte sur un paysage nouveau, sur la montagne
brûlée, sur « le pic africain ».

XIII

LA GÉLA. — COL DE MALE-ROUGE. — PIC DE MARBORÉ. LOS LIBONES. — COL DE BONDEILLOS.

De retour au col de las Coronas, Russell descend au Plan de Gistain : « aucunes ressources alimentaires, saleté révoltante, mais où aller ? Essayez, si vous y tenez, au village de San-Juan ; peut-être trouverez-vous là des œufs et du jambon.... »

Epuisé par dix nuits consécutives en montagne, par les privations, gardant pour toujours l'épouvante de la descente au gîte espagnol, décidé à redoubler désormais de prévoyance en approvisionnements, et prenant le parti (auquel il s'est rigoureusement tenu depuis) *de se passer absolument d'eau le reste de sa vie*, pour ne plus boire que du vin, du thé et des réconfortants, il vient se refaire à Arreau, chez Cazaubon, à l'hôtel d'Angleterre, et, rapidement retrempé par le contact avec le sol français, s'élance à de nouvelles conquêtes.

Il s'offre la vue superbe prise du pic d'Arbizon. « Rien ne souillait l'azur du ciel, et le panorama était immense. Je voyais même à l'horizon du Sud, en Aragon, le cône cendré du Cotieilla, que je venais d'escalader, et tout autour de moi se dressaient comme des vagues, des légions de montagnes vaporeuses et bleuâtres, assoupies au soleil, tandis que vers la Catalogne des neiges brillantes fuyaient en ondulant à perte de vue. »

A Héas, Chapelle le mène à la Géla, « pic très facile que l'on voit de partout et d'où l'on voit tout »; magnifique

coup d'œil sur les précipices Est de Troumouse. De Héas,
on commence l'ascension comme pour aller à la dangereuse
crête du cirque de Troumouse, mais au moment où les
choses vont se gâter (brèche de Serre-Mourène) on tourne
à gauche et l'on atteint sans peine et rapidement la Géla.
C'est la Munia des faibles.

Le voici, en septembre, à Gavarnie.

Seul, avec la carte d'État-Major et une boussole, il risque,
par très beau temps il est vrai, la traversée de Gavarnie à
Cauterets par la région compliquée, peu pratiquée, terrible
si le temps change, du col de Male-Rouge : il débouche à
l'origine de la vallée d'Estom, ou de Lutour, vient aux
lacs d'Estom-Soubiran, puis vers le soir, se trouve aux
bords « de vastes escarpements où le torrent tombait au
Nord en cascades furibondes ». Il était tard : pas de temps
à perdre en exploration : il descendit avec les mains à
côté du torrent, pour ne pas dire dedans : « *Je n'étais plus
debout, car je faisais partie de la cascade, mais du
moins je savais où j'allais !...* » Il put arriver avant la
nuit aux bords paisibles du lac d'Estom. « *Belle course
en somme, mais longue, et qu'il vaut mieux ne pas faire
seul.* » C'est entendu.

Le 20 septembre, avec le vieux Sesquet, de Gèdre,
âgé de soixante-huit ans, qui jadis y avait conduit le duc
de Nemours, il reprend le Pic Long. Ascension « très
émouvante » sur la fin. « Nous nous hissâmes avec les
mains et presqu'à pic sur des cailloux qui filaient sous
nos pieds comme de l'eau. C'est le seul mauvais pas, mais
une glissade serait mortelle.... » Pour récompense, le
brouillard ! Un seul rayon de soleil, sur le lac Tourrat au
fond d'un épouvantable précipice de sept cents mètres.
« Tout le reste était noir, et ressemblait à Londres ».

Deux jours après il manque la source de la cascade de Gavarnie, la rimaye (de la brèche Passet) étant impraticable.

Mais le 24, avec Hippolyte Passet, contournant le Sud de la brèche de Roland, venant sous la Tour, débouchant au col de la cascade, « terrasse sublime », d'où le regard tombe de douze cents mètres sur le fond du cirque et voit les sources du Gave, et continuant avec facilité, il est sur le plateau du Marboré, « où l'on pourrait se promener en voiture à 3,253 mètres, où vingt mille hommes pourraient manœuvrer, et qui forme à l'Ouest un des plus grands précipices de l'Europe : dix-sept cents mètres » (de là, on voit la brèche de Roland par sa tranche supérieure !) Sur ce plateau il trouve les débris d'une pyramide (du duc de Nemours? ou du capitaine Hulot? cet officier topographe doit avoir fait l'ascension, car son dessin original, *minute* au 40.000ᵉ de la carte d'État-Major, présente une particularité exceptionnelle : il empiète sur le territoire espagnol et donne les escarpements Sud du plateau du Marboré, et le Cylindre) : il en élève une de quatre mètres. Trop peu pour être visible d'en bas ! — Un assourdissant coup de tonnerre, orage subit, le chasse. Encore une fois il faut fuir derrière le cirque, sous des flocons de neige « aussi fougueux, aussi massifs que ceux des mers polaires »; encore une fois le Mont-Perdu apparaît « livide et morne »; l'hiver se déchaîne. Mais ce jour-là, l'ascensionniste n'est plus seul et tout finit normalement.

Désormais le ci-devant *Plateau du Cylindre*, la *Plateforme* du *Marboré*, va prendre une individualité distincte, devenir définitivement le « Pic du Marboré » et — aux dépens du Mont-Perdu, mais à juste titre — « l'un des plus beaux observatoires des Pyrénées ».

Packe, qui a fait son troisième séjour dans Malibierne avec deux anglais, arrive à Gavarnie.

Dans une conversation mémorable tenue à l'hôtel des Voyageurs avec le pasteur Frossard et Maxwell-Lyte, on arrête la fondation d'une société et d'un périodique pyrénéistes.

On retrouve les deux amis, toujours épris de l'Aragon, à Bielsa. C'est alors qu'ils font la course dont nous avons parlé : Bielsa à Arreau à pied en un jour. En montant au port d'Ourdissetou, ils laissaient sur leur droite, près de la frontière à laquelle il se relie par la large dépression du *Passo de los Caballos*, un massif aragonais de « deux pics jumeaux, très remarquables, appelés dans le pays *Los Libones* » (les *boums,* les lacs), « ils ont au moins 3,000 mètres chacun, et un petit lac dort entre eux ». En d'autres termes : le Suelsa et le Fulsa. Ils ont été longs à entrer dans la géographie pyrénéenne !

Autre course très importante de Russell : passer de Sallient aux bains de Panticosa en montant avec un guide jusqu'au *col de Bondeillos*, et descendant seul sur les bains, à travers des plaques de neige, sous lesquelles il manque de s'engloutir, (comme plus tard périra son ami Henri Cordier dans les Alpes). Pendant la montée se déroule au Sud-Ouest « une formidable chaîne peu connue et couverte de neige, fendue au milieu par l'échancrure profonde de Bouquésa qui mène à Canfranc » (apparition de la Peña Collarada). « Course sauvage », dit Russell : dans cette région alors innommée, de Bondeillos, du col et du pic d'Enfer, etc.

Ainsi, de nouvelles Pyrénées surgissent rapidement.

XIV

LA CARTE DES MONTS-MAUDITS. — L'ESTAGN DE MAR.

En 1866 — année de transformation dans les documents pyrénéistes — paraît la carte *Les Monts-Maudits, by C. Packe* (lithographiée à Londres), travail méritoire, exécuté avec des ressources imparfaites et un instinct sûr, et qu'on a bien jugé en disant : *rien n'y est à sa place mathématique, mais tout y est :* page révélatrice et précieuse, qui un an après la publication de la feuille *Luchon* de l'État-Major vient juste à point continuer celle-ci par un vaste quadrilatère Viella-Vidaillet-Cotieilla-Lustou, englobant avec le massif de la Maladetta celui du Posets.

Ceci acquis, Packe est tenté de prolonger sa carte, à l'Est des Monts-Maudits, par l'étude d'une chaîne remarquable de hautes montagnes « tumultuous » et inconnues.

Inconnues ? Et elles crèvent littéralement les yeux ! et elles sont sous la main ! Sorte de tempête de granit, visible de tous les sommets qui avoisinent Luchon, particulièrement du chaînon Bacanère-Entécade, — visible au retour du Port de Vénasque par le port de la Picade alors que, sur le soir, elle s'éclaire superbement de pourpre et de violet — mais écrasée par le voisinage de la Maladetta qui absorbe tous les regards.

Les guides luchonnais ne savaient même pas son nom : en Espagne on l'appelait, dit Packe, « le pic de Montarto » (c'est-à-dire, *la Sierra de Montarto* ou *le Montarto;* le « pic de Montarto » est un des sommets du Montarto,

comme le pic de la Maladetta est un des sommets du massif
de la Maladetta).

C'était le « champ sans bornes de pics noirs et de neiges
étincelantes » remarqué par Chausenque, qui avait manqué
cette trouvaille.

Cette houle confuse que de tout temps on voyait sans la
sentir, avait besoin d'être *inventée*.

Partant de Luchon le 23 août 1866 avec deux anglais,
Dashwood et Annesley, et trois guides, Packe (qui décidément
n'est pas comme son ami Russell l'homme des ascensions
solitaires) couche au Trou du Toro, passe le col des
Salenques, descend dans les chaos interminables de la
gorge des Salenques, et mène ses compagnons à son gîte
de l'année précédente, au *camp de la cote 1703*, bien
changé ! l'Administration espagnole faisait abattre les plus
beaux arbres de la forêt vierge. De là, descente à la
Ribagorzana ; ici, entrée dans l'imprévu, et montée au lac
de Bécibéri : un petit paradis, avec truites, isards, perdrix
blanches. Sur un passage possible pour Caldas, aucun
renseignement à tirer des bergers espagnols, « qui ne
connaissent rien en dehors de leur coin ». Annesley rentre
à Luchon par le port de Viella : Packe, avec Dashwood,
continue, au fond de ce val de Bécibéri, sur la sierra de
Montarto qu'il compare à une H couchée et qu'il juge
composée d'une agglomération de pics de 2,900 à 3,000
sans qu'on puisse attribuer sûrement à l'un d'eux la
prééminence. *J'en montai deux*, dit-il, *mais je pense que
je n'atteignis pas le plus haut*. De cette indication unique,
on peut conclure qu'il pouvait être dans la région du pic
de Bécibéri.

Il redescend sur l'autre versant, au lac de los Caballeros,
et, un demi-siècle après Parrot, prend gîte aux bains de
Caldas de Bohi.

Dans cette région morte, mais constellée de lacs (il cite ceux de Tramezane et des Religieuses) Packe fait une découverte notable : au Nord de la chaîne, à quinze cents mètres en avant des sommets, entouré de bords abrupts et désolés, un des grands lacs des Pyrénées, et au milieu de ce lac, une grande île rocheuse : d'où Packe lui donne le nom de *Lac de l'Ile*. C'est l'Estagn de Mar.

Parce qu'il l'indique à quinze cents mètres au Nord de la chaîne, on a cru pouvoir déduire jusqu'ici qu'il était lui-même à quinze cents mètres au Sud du lac, c'est-à-dire sur un pic, et que ce pic ne pouvait être que le *Tuc Ménège*. Or, Packe, (dans le *Bulletin de la Société Ramond* de 1867) raconte expressément être allé au lac avec son compagnon, et y avoir passé une journée à pêcher. Ils furent même fort mystifiés : malgré le temps convenable aucune truite ne piqua sur la mouche, le lac n'en contenant peut-être pas ; ils comptaient pour dîner sur le produit de leur *sport*, et furent réduits à une vieille boîte de conserve de viande « qui, déjà, avait fait le tour de la Maladetta et passé un hiver à Gavarnie ». (Il paraît qu'elle se trouva bonne.)

« Au N.-N.-O. du Lac de l'Ile, et séparé par une crête » dit encore Packe, « est un autre grand lac, moins grand. » Sur ce texte vague, on peut penser que Packe a vu le *lac du port de Rieux* en achevant le tour pour rentrer à Viella (Autrement il pourrait avoir entendu parler de l'existence du *grand lac de Rieux*, lequel resta à découvrir.)

Cette exploration d'une région de pics et de lacs innommés, cette plongée dans l'inconnu complet et dans la solitude sauvage à un jour de distance de la civilisation, enchanta Packe, et le mit en posession du dernier élément nouveau de la seconde édition du *Guide to the Pyrenees*, le chapitre du Montarto.

Ce sera son dernier acte public de pyrénéiste. La carte du Montarto ne paraîtra jamais. Packe va continuer avec passion, trente ans encore, ses courses dans les Pyrénées. Nous le rencontrerons plus d'une fois. Mais il ne dira plus rien.

Modestie qui confine au suicide ! Comment, dès lors, se conservera aux Pyrénées son souvenir ? Un *guide* ne suffit pas, il eût fallu un livre dans la forme personnelle, que l'auteur de *Spirit of Travel* était fort capable d'écrire !

XV

LE LIVRE DES *GRANDES ASCENSIONS*.

Russell, en 1866, montant d'Aulus au pic Collat, Collac, ou pic d'Armes, découvre — le mot n'est pas trop fort, dans ce département de l'Ariège alors aussi peu visité que l'Aragon — et met en lumière, émerveillé, « la plus belle chute d'eau des Pyrénées, la triple cascade d'Arse, vraie cataracte dont le fracas s'entend à huit kilomètres. La hauteur totale approche deux cents mètres, la chute du milieu a une cinquantaine de mètres de largeur ». Au sommet du Collat, chaos de granit, ce qui le frappe le plus « ce sont, au Sud-Est, les deux têtes blanches du pic d'Estats et du Montcalm, grands patriarches de neige devant qui sont couchées cinquante lieues de montagnes ».

De là, un voyage... en Angleterre. Mais la nostalgie du soleil pyrénéen le prend ; et voici qu'à la fin de septembre nous le retrouvons sur le pic d'Anie.

Tout ceci, menus faits. Le décisif, le voici : fort de son expérience personnelle, se complétant par les livres de

Chausenque, Packe, Lambron et le « guide admirable »
de Joanne, Russell publie :

Russell-Killough : les grandes Ascensions des Pyrénées
(titre développé : *Les grandes Ascensions des Pyrénées,
d'une mer à l'autre, guide spécial du piéton, orné de
douze cartes, par le comte Henri Russell-Killough, auteur
de* Seize mille lieues à travers l'Asie et l'Océanie, *membre
de la Société géographique de France, de l'Alpine Club
et de la Société Ramond*). Paris, Hachette, et Toulouse,
Privat (imprimerie Rives, Toulouse), sans date : préface de
janvier 1866, in-12 de 288 pages.

Ce petit *vade-mecum*, ce carnet de notes relié en
percaline et coté deux francs cinquante, est un des grands
livres du pyrénéisme.

Les grandes ascensions d'une mer à l'autre! La voilà, la
tournée des Pyrénées par la pointe des pics ! Ecrite, en
cent huit courses, avec des allures de journal de bord, par
un homme qui a navigué, et qui introduit ici les indications
à la boussole (*montez S.-E., marchez N., tournez
O.-N.-O., le pic est au S.-S.-O.* : c'est la précision
mathématique, plus d'erreur possible) et tout l'appareil des
hautes régions : murailles, pentes, couloirs, crevasses,
bergschrunds, glissades, cheminées, moments scabreux,
chaos, dédales, instinct nécessaire, etc.; elle déverse dans
le pyrénéisme une myriade de noms géographiques
nouveaux, clairement mis en vedette par le gras d'une
typographie spéciale.

C'est sobre, technique, net, — plus que net : lumineux!
— extra-rapide. Et comme Lézat, le jeune auteur des
Grandes Ascensions ne reconnaît la difficulté et le danger
que dans les cas strictement indiscutables.

Ce qui nous paraît tout naturel aujourd'hui, et parut tel,

alors, aux montagnards éprouvés, auxquels seuls le livre
était destiné.

Mais les montagnards éprouvés sont l'exception. Le gros
des pyrénéisants, les hommes de demi-sommets, de
promenades et d'établissements thermaux, fils de Dusaulx
et d'Azaïs, les lecteurs de Taine, ceux qui ne voulaient pas
arriver de suite au but, entendaient qu'on eût le temps de
souffler, et que le récit des courses en montagnes fût
traité, dans la manière de la carte du Tendre, comme une
carte du Terrible, avec arrêts nombreux à Sublime-Horreur,
à Précipice-Affreux, à Grand-Danger, Vertige-Atroce, et
Effroyables-Périls, ceux-là furent un peu stupéfaits, et
tentés de croire à une mystification. Qu'est-ce que ce guide
dont les horaires semblent calculés pour les gens qui ont
des ailes ou des bottes de sept lieues ? Cette description des
Pyrénées, impérative et brève comme la « théorie »
qu'apprennent les soldats, et qui vous mène aux pics en
trois temps et six mouvements ? *Montez.... brêche!
Appuyez... Sud! Suivez... crête! Cime!* Dans les villes
c'est de cette façon que les passants officieux vous
indiquent votre chemin : *la première à droite, la deuxième
à gauche, et tout droit.* Cet homme ne s'amuse-t-il pas au
paradoxe, qui trouve que le Néthou n'est ni dangereux ni
même difficile ; qui estime qu'au pont de Mahomet *un
hardi montagnard trouverait le moyen de descendre
s'il le fallait absolument et quoique la mort fût certaine
si l'on y tombait ?* qui, voyant du haut du cirque de
Gavarnie le glacier de la cascade, incliné à cinquante
degrés, déclare d'un ton détaché : *avec une hache et
beaucoup de temps on pourrait le descendre jusqu'à la
source même de la cascade ; mais une glissade d'une
ligne ou le moindre accident nerveux vous lancerait
dans un abîme de mille mètres ?...*

Il y avait surtout, pour l'ascension de la Tusse de Maupas, un certain : *traversez cette crête par une brèche un peu difficile, remarquez à droite d'affreux précipices, et faites route au Sud, vous accrochant avec les mains,* qui parut passer les bornes de la mystification.

Donc les *Grandes ascensions* firent leur auteur célèbre dans le monde spécial, et... restèrent pour compte.

Vu d'aujourd'hui, ce manuel qui semblait écrit à grands coups de bâton ferré par un être extra-positif, apparaît un livre exquis, plein d'une poésie concentrée, lapidaire ; un cantique des hautes régions, chaque verset faisant tableau.

Ainsi, ce bref morceau du pic de Carlitte : « *Je ne pense pas qu'en France on puisse rien trouver de plus stérile que le pays qu'il domine, surtout de l'Est au Sud-Est; c'est le désert de Carlitte et de Montlouis où brillent dans le granit et sous un implacable soleil quelques lacs qui paraissent eux-mêmes allumés. Au Nord-Est dorment les plaines du Roussillon, et peut-être la mer par un temps exceptionnel. Les pics principaux sont : le Canigou, le Puigmal, le pic d'Estats et quelques montagnes méconnaissables du côté de la Maladetta.* » C'est complet et saisissant.

Le glacier d'Ossoue au Vignemale : « *Il descend majestueusement de l'Ouest à l'Est sur une longueur de trois kilomètres, avec une largeur d'un kilomètre, et vers le bas il est tellement déchiré, bouleversé, chaotique, que l'on dirait une grande ville de glace changée en ruines par quelque catastrophe. D'abord excessivement incliné, ses pentes s'adoucissent dans le milieu, où se dessinent régulièrement des crevasses uniques dans les Pyrénées, larges comme des rues et immensément profondes. En haut c'est une plaine éblouissante de neige.* »

L'hospice de Vielle : « *La nature a tout fait pour embellir ce lieu si reculé; pelouses parsemées de sapins antiques et vénérables, torrents, pic neigeux, exposition en plein midi. On en ferait facilement un paradis.* »

Etc., etc.

Livre peu vendu ! mais nul livre n'a laissé tant de traces dans la littérature pyrénéiste. C''est *l'Art poétique* du genre : ses décisions en une ligne ont force de loi, et vont être toujours et partout citées. Le Balaïtous : *C'est le Cervin des Pyrénées..* — Le Vignemale vu des Oulettes de Gaube : *C'est vraiment un lieu sublime et terrible à contempler.* — L'Ardiden : *On ne peut en recommander l'ascension qu'à ceux qui tiennent à voir le nec plus ultra de la désolation, et les grands désastres de la nature.* — Au glacier du Vignemale : *Où l'aborder ? C'est ce que votre instinct, la saison et l'état plus ou moins crevassé vous diront : mais ce n'est jamais facile.* — Andorre : *Ses deux auberges sont détestables, l'inanition y étant à l'ordre du jour, l'Andorre a été trop chantée.* — Le Canigou : *Il est extrêmement facile ; en y allant seul on ne risque que de perdre beaucoup de temps : la vue est d'une grande magnificence.* — Au sommet du Rialp : *Observer la chaîne ariégeoise, dont on fait généralement trop peu de cas....*

Et pourquoi fait-on peu de cas des montagnes orientales? Russell dit : *Toutes les courses de cette partie des Pyrénées sont une vraie plaisanterie pour un montagnard. Quant aux dangers, ils n'existent pas à l'Est des Monts-Maudits.*

Le Montcalm lui-même « *n'offre pas l'ombre de dangers ou de difficulté, et aucune satisfaction à l'amour-propre....* »

Amour-propre ! Le mot est lâché, qui va régir désormais l'ascensionnisme.

Finis, les pics orientaux ! D'un mot, vrai d'ailleurs, Russell vient de les exterminer.

Il parle, et dans la poudre il les fait tous rentrer....

Fini, le Montcalm ! Supprimé désormais, dans le *Joanne*, le poétique et mouvementé récit de Chausenque ! Remplacé séchement par cette ligne : *Très belle et très facile ascension.*

Pour longtemps, les Pyrénées vont consister dans le morceau de haute chaîne compris entre le pic d'Ossau et la Maladetta. Beau terrain d'exercice d'ailleurs, bien ramassé sur lui-même : on a tout sous la main comme un clavier, qui appelle les virtuoses.

Une seule erreur, curieuse, car elle est celle de toute une génération. Pour Russell, qui n'y est point encore monté, la brèche de Tuquerouye est, comme pour la carte de l'État-Major (première édition) le *port de Pinède ;* à son tour le port de Pinède est le *port de Canaou d'Estaubé,* ou *Port Neuf;* et le port de la Canaou d'Estaubé est simplement le *Port Vieux.*

Les douze cartes schématiques avec tracés des itinéraires, qui accompagnent le livre des *Grandes Ascensions*, sont un adjuvant nouveau et précieux.

Guides et cartes d'Ariane ! Et Packe, Russell s'étonneront bientôt de voir les hautes régions envahies !

Il en va toujours de même. Candaule veut soulever pour Gygès le voile qui recouvre les beautés cachées : puis lorsque Candaule rencontre Gygès chassant dans Malibierne ou pêchant au lac de Bécibéri, il a des regrets !

Mais pour dire vrai, il n'eût servi de rien de vouloir tenir les Pyrénées dans le mystère. Au moment où nous sommes arrivés, leur divulgation est fatale.

Pour leur découverte et leur vulgarisation, on en est à la fondation de sociétés!

C'est une ère nouvelle.

Et comme pour marquer la fin de l'ère précédente, Lézat en 1866 fait sa dernière ascension du Néthou, où il conduit le préfet de la Haute-Garonne, son secrétaire particulier, le sous-préfet de Villefranche et le sous-préfet de Saint-Gaudens. Ces tournées administratives ont le don d'enlever l'idée de difficulté. Devançant le monologue fameux du *Sous-Préfet aux champs*, le Néthou en gaieté semble se pencher vers l'oreille de son voisin le pic de la Maladetta, pour lui demander avec bonhomie : *Est-ce que c'est méchant, un sous-préfet?*

RUSSELL

(SUITE)

XVI

LA SOCIÉTÉ RAMOND.
LITTÉRATURE PYRÉNÉISTE PÉRIODIQUE.

Révolution !

Ce quatre-vingt-neuf pyrénéiste débute comme le conte de Psyché :

Quatre amis, avait dit La Fontaine, *dont la connaissance avait commencé sur le Parnasse* (ceci est encore affaire de montagne), *lièrent une espèce de société....* etc.

En 1866, Frossard père écrit :

« *Quelques amis qui s'étaient rencontrés soit sur le rude sentier de la montagne, soit dans le laboratoire du chimiste, soit dans le cabinet du géologue ou du botaniste, se trouvaient un jour réunis à Bagnères-de-Bigorre. Une même affection les attirait les uns vers les autres : l'amour de la science et de la belle nature pyrénéenne ; un même désir les préoccupait : celui de les mieux connaître et de les faire mieux apprécier aux autres. Cette dernière pensée, ils l'avaient déjà échangée plusieurs* fois entre eux et avec d'autres amis ; *mais il leur semblait que le moment était venu de la faire passer de l'état abstrait à celui d'une réalité utile et pratique. La fondation d'une société destinée à encourager l'exploration des Pyrénées au triple point de vue de l'exploration proprement dite, de la science et de l'histoire, leur parut le moyen efficace d'atteindre ce but.... »*

En d'autres termes, les ouvriers de la première heure, les quatre fondateurs véritables de la Société, par des conversations mémorables tenues à l'hôtel de Gavarnie en 1865, étaient Frossard, Packe, Russell, et Maxwell-Lyte.

[Emilien Frossard père : le pasteur protestant de Bagnères que nous avons vu dédier en 1829 à la duchesse de Berry un album de *Vues prises dans les Pyrénées françaises*. Plus tard il avait publié : *Vallées de Lavedan, de Barèges et de Gavarnie, tableau pittoresque des Pyrénées françaises*, in-4 de 38 pages, avec lithographies au trait coloriées à la main dans le genre de celles d'Henri Monnier, à la mode de l'époque, et rapportées dans le livre : opuscule très curieux et infiniment rare. En 1859, il avait donné un court essai sur la géologie pyrénéenne.

Maxwell-Lyte : le propriétaire des sources sulfureuses du val de Moudang.]

Les quatre amis, stimulés par la création en Angleterre de l'Alpine Club, avaient jeté les bases d'une société d'exploration pittoresque et scientifique, en entendant par Pyrénées non pas seulement le versant français, *mais la vaste pente méridionale qui appartient à l'Espagne.*

Il leur fallait un titre. Par exemple : le nom d'un pyrénéiste qui aurait été à la fois ascensionniste, géologue, botaniste et écrivain. Il se trouva qu'un tel homme avait existé, dont le nom allait être ainsi remis brillamment dans la circulation.

La société naissante s'appela *Société Ramond*.

Dès 1869, autour du comité : (Frossard, président;
Maxwell-Lyte, vice-président; comte Russell, secrétaire;
Packe, secrétaire-adjoint; docteur Costallat, Ch. Martins,
Lézat) sont groupés vingt et un membres, parmi lesquels
l'ingénieur de la marine Bayssellance, les savants Lartet,
Filhol, Leymerie, le poète local Frédéric Soutras, les deux
fils Frossard (Charles et Emilien), d'Archiac, Elisée Reclus,
Eugène Cordier, avocat, petit-neveu de Ramond, Adolphe
Joanne, le colonel de Nansouty, le député Jubinal qui
a fait connaissance avec les Pyrénées, le professeur
d'histoire et épigraphiste Edward Barry, de la faculté des
Lettres de Toulouse, l'anglais Barnes, et aussi trois membres
correspondants, dont Gaston Sacaze et le fameux institu-
teur botaniste, Bordères, de Gèdre.

Bientôt les vingt et un seront cinquante, avec Franqueville le vainqueur du Néthou, Magnan l'éminent géologue
toulousain, le baron Larrey, Fourcade le naturaliste-
préparateur luchonnais, etc.

La publication d'une revue est décidée, qui paraît dès
le commencement de 1866, sous le titre :

*Explorations pyrénéennes : ascensions des hautes
cimes et des régions de difficile accès, observations
météorologiques, recherches scientifiques et archéologiques.
Bulletin trimestriel de la Société Ramond.* Bagnères-de-
Bigorre, livraisons trimestrielles d'environ 40 pages.

[Rien de nouveau sous le soleil! pas même la création
d'un périodique pyrénéiste. Au retour du voyage de 1798
dans les « parties adjacentes », La Baumelle, le compagnon
de Ramond, peut-être mécontent du compte rendu fait par
celui-ci (« Ramond, bien connu par l'ombrage que lui
portaient les travaux des autres » a-t-on pu dire) avait

lancé le premier numéro, très curieux, d'un *Journal des
Pyrénées* (reproduit dans le *Bulletin de la Société
Ramond* en 1883), dans lequel il publiait *in extenso* le
récit de son « voyage à Vignemale », c'est-à-dire de sa
très intéressante ascension du Petit Vignemale. N'avait-il
pour but, au fond, que cette seule vulgarisation de son
rapport? ou son journal n'eut-il aucun succès? Le second
numéro ne vint point!]

L'apparition d'un périodique dans le pyrénéisme, boule-
versement total !

Le périodique! moyen d'information rapide et puissant,
constante « mise au courant », répondant à des besoins
nouveaux de la vie intellectuelle. Le périodique, tout de vie
et d'actualité! qui au livre substitue l'article, au boulet la
mitraille, aux salves espacées que l'on pouvait compter,
une tiraillerie continue aussi impossible à suivre dans le
détail que les coups de fusil d'une bataille. Le périodique
stimulant qui provoque à écrire. Et aussi, bientôt,
inquiétant! qui, à la faculté de parler montagne quand il y
a du nouveau à dire, substitue *l'obligation* de remplir le
numéro à date fixe, de pressurer quand même la matière
à échéances répétées, et, vienne le temps, d'étirer ce sujet
spécial, en mille pages, dix mille, vingt mille, cent mille.
Le périodique encombrant! un jour il faut que vous soyez
éliminé de chez vous par lui, ou lui par vous. Généralement, c'est lui qui l'est. Mais avant, que de services rendus
par ce prodigieux amas de matériaux ouvrés ou bruts,
rappelant les cargaisons de ces bateaux qui sur nos quais
déchargent à la fois les marbres sculptés, la pierre de
taille, les simples moëllons, le gravier, — les tuiles!

Mais, en 1866, tout nouveau, tout bon, ainsi qu'il est
d'usage dans les revues naissantes.

Mis à part et réunis, tous les articles de description

pittoresque du *Bulletin de la Société Ramond* pendant plus de trente ans ne forment que quelques volumes, élément essentiel de l'histoire pyrénéiste. Surtout pour les neuf ans 1866-1874, où le *Bulletin Ramond* est seul.

Le premier numéro donc, est du premier trimestre 1866.

Packe a l'honneur de « tirer le premier », en anglais, avec ses *Camps on the Maladetta* (également en anglais son article sur le Montarto).

Immédiatement derrière lui, Russell, avec *Le Pic Cotieilla.*

Après quoi, Frédéric Soutras, saisissant sa lyre « par permission exceptionnelle dans une revue qui n'est pas spécialement littéraire », chante l'ode à Henri Russell, en trois parties, sur des rythmes différents :

Les Sommets vierges.

« Qui te pousse, marcheur superbe?...
Remplis-tu, sur les pentes vertes
Ton herbier d'un charmant butin ?...
Peintre épris des noirs paysages,
Par de formidables passages
Gravis-tu les cirques géants?...
Vas-tu savoir comment la foudre
Se forme et frappe les hauts lieux?...

Non!... Sans abaisser tes paupières
Tu passes....

Tu n'as ni pinceau ni crayon....
Ton but, ta passion, ton rêve....
Sont sur ces crêtes de glace
Où nul pied n'a marqué sa place....
Ils sont sur ces pics, sur ces dômes
Qui, troublant les plus hauts regards
Se dressent comme des fantômes
Dans leurs suaires de brouillard!

. . . .
.... Et du fond des obscures vallées
Étudiant, le soir, les crêtes désolées

> Dans ton hardi cerveau tu te fais un chemin....
> Tu remontes de l'œil d'affreuses avenues
>   Et dis : J'irai là-haut demain !
> Et tu vas, tu vas, bravant les roches droites....
> Hasardant, sans souci d'une insondable chute,
> De ces pas dont chacun mesure une minute
>   Entre deux gouffres aspirants (!)...
> Tu saisis le géant, et sur sa tête chauve
>   Tu poses un talon vainqueur !
> Il est à toi ! tu l'as atteint, l'inaccessible !... »

Et encore :

> « Avoir seul le premier franchi ces murs de glace....
> Déflorer ce sommet orageux et sublime....
> Se saturer d'azur, de lumière, d'espace !...
> Ce sont là des moments augustes....
> Vaillant escaladeur par le ciel attiré !
> Et parmi ces vaincus superbes, dont la tête
> N'avait, avant tes pas, subi que la tempête,
>   Tu comptes, toi, le Marboré !... »

Tu n'as ni pinceau ni crayon ! dit Soutras. Mais l'auteur des *Seize mille lieues* a une plume ! Et précisément par les articles qu'il va donner au *Bulletin de la Société Ramond*, il se classera bientôt comme un écrivain pyrénéiste puissant. Il a atteint trente ans, l'âge où l'on devient soi : il évolue du compte rendu pur et simple des ascensions vers une manière plus grande : vers la poésie des hautes régions; et aussi vers l'apostolat de l'ascensionnisme. Cet apostolat, il vient même de le commencer par une petite brochure que son titre seul suffit à résumer : *Les Pyrénées, les ascensions et la philosophie de l'exercice;* un écrit d'allure très tranchée, ferme, et qui est tout l'homme, et toute sa future carrière montagnarde. (Nous laissons de côté une brochure : *A fortnight in the Pyrenees, Luchon to San-Sebastian.*)

La Société Ramond s'annonce comme un succès....
Dès le début, elle se propose une œuvre bien autrement

ardue que la publication d'un bulletin. Réaliser le vœu de celui dont elle porte le nom, construire dans les hautes régions cet « asyle », cette demeure solide, chaude, bien approvisionnée, où Ramond jadis avait rêvé d'être le témoin émerveillé « d'événements physiques inconnus, inobservés, inouïs ».

Cette idée depuis longtemps s'est incarnée dans un homme : le docteur Costallat de Bagnères, un des créateurs de l'hôtellerie de Sencours (en 1854).

On peut dire que, le jour où la *Société Ramond* est fondée, dont Costallat est membre, virtuellement l'observatoire du Pic-du-Midi est fait.

XVII

LE PIC D'ENFER.

En 1867, hors de la région luchonnaise encore, capture d'un grand pic, très nouveau, et très important — car il va être une des sept ou huit clefs qui permettront de déchiffrer la cryptographie du versant espagnol.

Pour les pics comme pour les humains posséder la beauté ne suffit pas : il faut savoir en jouer. Or, tous les pics n'ont pas même tempérament; tel, bien que capital, fut un pic sans ambition et ne sut point se faire prendre avec éclat; tel est un pic « poseur » comme dit Russell, et se donne des airs féroces qui ne sont qu'apparence.

Voici un type de pic habile.

Il a tout pour lui, d'ailleurs. La taille, les trois mille. L'aspect : du Nord, vu de la « morne échancrure » du Marcadau quand on débouche sur l'Espagne, il est imposant. Le demi-mystère : en montrant sa tête, il cache

son corps dans une région alors indéterminée, vaguement
soupçonnée sous des noms élastiques, qui domine les bains
de Panticosa. Le nom; même il s'en est attribué deux :
l'un pour les Français, impressionnant, *pic d'Enfer :* ce mot
d'enfer est toujours à effet ; l'autre en Espagne, redondant,
Quijada de Pundillos! La parure : un glacier au front, et
une ceinture de lacs — assez tristes flaques, que Russell
appellera « cuvettes », — lacs pauvres, mais espagnols,
donc nobles, et se drapant avec fierté dans des titres
ronflants : ils sont *de Zaraguala!* ils sont *de Batchimania!*
ils sont *de Piedra-Fitta!* ils sont *de Bondeillos!* etc.
Le piquant de la nouveauté : il change avec le répertoire
connu et le pâté d'anguille des ascensions usées. L'à-
propos : il a eu l'art de laisser passer ses supérieurs avant
lui, et de se réserver pour se présenter au moment où les
grands pics vierges vont faire prime.

Cette montagne « arriviste », comme on dirait aujour-
d'hui, veut avoir une « première » sensationnelle. Elle a
visé un prétendant de choix, un parti exceptionnel : le
comte Henry Russell. Par quelques préliminaires « relations
platoniques », elle le porte au paroxysme du désir. Il ne
peut plus attendre : ni la bonne saison, ni le beau temps,
ni même son ami Frossard fils, qui aurait voulu être de la
fête, mais que des occupations retiennent et qui va encore
manquer une occasion unique. Malgré le regret de se
priver de ce solide compagnon, Russell part seul de
Cauterets, le 19 juin 1867, avec le guide Sarrettes, par
une tempête de vent d'Espagne, ce vent « qui gémit comme
s'il regrettait les déserts de l'Afrique ».

Au Marcadau, la chaîne espagnole paraît « enlaidie,
noircie, salie par ces gros nuages opaques et plombés,
pleins de neige et de grêle, que roule impitoyablement
le dernier vent de l'hiver ». L'insidieuse montagne a ce
qu'elle veut, elle a obtenu d'amener son vainqueur préma-

turément, en juin, et peut se présenter ainsi avec mise en scène, et en grande toilette, toute blanche. Dès le Marcadau, tout est glacé. Russell et Sarrettes passent sous le pic, vrai pic de quatre mille alors, entièrement blanc, « d'une effroyable beauté »; du haut en bas un précipice de neige. Le pic d'Enfer serait-il inaccessible?

Sous une mitraille de grêle, ils commencent à le tourner, montant à l'Ouest au très haut col d'Enfer, sur des neiges compactes : « rien n'est plus gai que ces étendues blanches quand un brillant soleil les fait étinceler : mais par le mauvais temps, elles sont plus tristes que les déserts les plus arides, car elles rappellent la mort par leur blancheur mate et funèbre ». A cinq heures, arrivée au col d'Enfer (hauteur de la brèche de Roland), par un vent féroce, « tout cela était bien sombre et bien décourageant »; mais sans perdre une minute à regarder le lac glacé d'Enfer, Russell attaque l'ascension par la première arête qui se présente, au Nord-Ouest; elle se montre d'une facilité invraisemblable... lorsque, cinquante mètres au-dessous de la cime, elle devient un toit de glace incliné sur un abîme. Le pic d'Enfer faisait son Balaïtous!

Le montagnard exercé ne doit pas vouloir forcer quand même. D'ailleurs il est tard. L'œil perçant de Sarrettes avise à six cents mètres plus bas, un point : ce doit être une cabane! Ce n'est qu'un enclos de pierres, non couvert! Il faut y passer une nuit démoralisante — heureusement courte — dans la boue de neige et sous la pluie d'orage, un ruisseau improvisé pénètre dans le sac où Russell essaie en vain de dormir : ce fameux sac devient une baignoire.

Au jour la retraite sur Sallient est commencée. Le pic juge qu'il en a trop fait et que c'est lui qui va perdre sa grande « première ». Il fait projeter par le soleil un rayon opportun. La frénésie reprend l'ascensionniste, qui achève de tourner la montagne, tout en jetant un regard infidèle, de côté, sur « la corne redoutable de l'*Anayette*, pic peu connu », (le *Mont-Anajet* de Joanne. Anayet, qui n'avez pas trois mille, mais qui vous annoncez comme difficile; Russell vous a remarqué. Tenez-vous bien!) Il vient prendre le pic d'Enfer au Sud et l'emporte sans peine, par une arête tapissée de fleurs jusqu'au sommet!

Ce sommet n'est point un sommet, mais une longue arête à ondulations, et Russell ne saurait dire si, à *un mètre* près, il est sur la plus haute. Encore une rouerie du pic d'Enfer, qui prévoit combien les ascensionnistes vont être friands de primeurs, il leur réserve celle du mètre!

Rapide examen de l'horizon « pour relever quelques points connus ». Un coup d'œil sur la pente vertigineuse des glaciers tombant du sommet du pic. Orage, neige, fuite pressée, et par un col au Sud du pic, que Russell nomme « col Sarrettes », descente exténuée aux bains de Panticosa, après quarante heures passées sans dormir.

Le lendemain, beau temps, rentrée joyeuse en France, ce qui achève le tour du pic. En remontant au port de Marcadau, Russell se délasse en se jetant à la nage au milieu des glaçons « étonnés » du lac de Baccimania.

Arrivé à Cauterets, avec la matière d'un beau chapitre d'histoire pyrénéiste pour la revue de la Société Ramond, il prélude en expédiant aussitôt à la Société un bref bulletin de victoire, dans le ton de la lettre de Ramond à Haüy : « *J'ai le plus vif plaisir d'annoncer la prise de possession par moi-même et le guide Sarrettes d'un pic encore inviolé...* » etc. Et son enthousiasme est tel, que dans un lyrisme inaccoutumé, à l'idée qu'il est parti le lendemain du *18 juin* et que son ascension est du *20 juin*, et pensant à des anniversaires historiques, il s'écrie : « *Qu'il est doux de faire tomber de ces couronnes, sans avoir à verser une seule goutte de sang!* »

Un mois après, jour pour jour, ayant assisté à Paris, en compagnie de son oncle le chambellan de Flamarens, à l'inoubliable cérémonie de la distribution des récompenses de l'Exposition Universelle, où il a en vain cherché à apercevoir son idole, Rossini, lequel y dirigeait sa fameuse cantate à basse ponctuée de coups de canon — Russell se souvient du pic d'Enfer... au sommet du Mont-Blanc : ascension très dure, par mauvais temps, reprise en deux fois ; fatigue extrême, mal de montagne, guides exorbitants. Chamounix ne lui plaît guère : le Chamounix de M. Perrichon et des chaussettes sur la Mer de glace. Mais Zermatt le console et l'enchante : le Zermatt d'alors, qui n'est pas encore la foire où une cohue cosmopolite, à table d'hôte, entre riz et pruneaux, charabiate montagne en yes-ya-oui-si ! Russell va fumer son cigare au sommet du Breithorn, et passe le col de l'Alphubel. « Jamais spectacle plus merveilleux, plus polaire ! »

Eh bien, quinze jours après, c'est avec une joie intense qu'il se retrouve aux Pyrénées. « Elles ont une grâce, une noblesse de contours, de chaudes couleurs, et un soleil qu'on ne trouve pas en Suisse. » Il éprouve « la sensation suave des neiges fumantes et vaporeuses ». Et bientôt, le voici sur le pic inédit, ou sur le morceau de crête qui, au fond du cirque d'Oo, surmonte le glacier du Ceil de la Baque.

En octobre, on le voit descendre de la brèche de Roland dans la vallée d'Arrasas par le fameux pas de Salarous, chemin très difficile des contrebandiers.

Et le pic d'Enfer ? Ensoleillé, déneigé, en petite tenue, il s'était déjà laissé prendre par Frossard, sans faire de façons.

XVIII

LA DERNIÈRE ASCENSION DE CHAUSENQUE.

La Société Ramond a un président d'honneur. Chausenque : quatre-vingt-cinq ans !

Russell et lui se sont liés d'amitié : par lettres, car ils ne se connaissent pas. Curieux, ces deux hommes, domiciliés l'hiver à quelques lieues de distance, se rapprochant l'été à quelques kilomètres dans les Pyrénées : ils gravitent l'un autour de l'autre sans se rencontrer !

Une lettre de Chausenque est à retenir, écrite à Russell qui revient du Mont-Blanc et de Zermatt : elle respire l'amour inextinguible de la montagne :

« *Votre voyage dans les Alpes a réveillé mon souvenir de ces montagnes que pendant quatre saisons j'ai parcourues dans toutes les directions, toujours à pied, car alors j'avais de bonnes jambes... J'ai traversé la haute chaîne par quatre points, au Mont-Cenis, au Saint-Gothard, au Bernardino et au Splugen ; à mon dernier voyage en 1859, j'ai pu à soixante-seize ans accomplir une de mes plus belles courses, monter à la cime de l'Eggishorn, voyant au midi toute la chaîne qui sépare le Valais du Piémont... dominée par le Mont-Rose et ce terrible Mont-Cervin, ce grand pain de sucre que j'ai vu des environs de Zermatt, et désormais d'une si triste mémoire : il y aurait peut-être de quoi vous tenter (mais n'y allez pas, cher Monsieur, car la mort y est).* »

Et après avoir raconté combien cette course de l'Eggis lui parut épuisante et lui causa de souffrances, qu'il surmonta énergiquement sur les encouragements de son guide, et ayant honte de sa faiblesse (*Excelsior!* disait Chausenque aux autres, dans son beau temps!) il ajoute ce cri du cœur du montagnard qui a atteint un sommet : « *J'oubliai tout devant ce tableau admirable!* »

Puis il continue :

« *Cependant, cinq ans après, en 1863, avec mon vieux guide de Cauterets, Latapie, nous voulûmes essayer encore, et nous montâmes ensemble jusqu'au haut du Cabaliros, l'humble acolyte du Mounné* ».

Combien touchante, cette dernière ascension du pyrénéiste octogénaire !

« *Depuis, je ne fais plus que des promenades, trop heureux d'avoir conservé quelques moyens de locomotion. Mais toujours je prends le plus vif intérêt à toutes ces si belles courses que vous avez accomplies dans nos Pyrénées, en m'émerveillant de leur nombre et regrettant que, comme pour le pic de Balaïtous, le Cotieilla, vous n'ayez pas le temps d'en écrire le bulletin. Mais n'en désespérons pas, c'est un travail d'hiver.*

Si Dieu me le permet encore, j'irai passer du 15 juin au 15 juillet mon mois d'habitude à Cauterets, l'été prochain. Si vous passez par là, vous seriez bien bon de venir m'y serrer la main, j'en serais bien heureux et je pourrai dire enfin que j'ai eu l'honneur de vous voir.

Veuillez agréer, cher Monsieur, l'expression de mes meilleurs sentiments bien affectueux et dévoués. — Chausenque. »

Russell ne devait jamais voir celui qu'il appelait son maître, le « vénérable patriarche ».

L'année suivante, Chausenque mourut — le même jour

que sa femme. — Quitter la vie en 1868, pour l'officier du camp de Boulogne, c'était partir à temps !

Représentant d'un autre âge, un de ses derniers efforts, dans son pays, avait été de s'opposer à l'établissement du chemin de fer.

Ce qui a manqué à Chausenque, c'est de sortir un peu de son Gontaud. Mêlé à des éléments plus excitants, il eût été entraîné certainement hors de son pyrénéisme moyen et bourgeois, et, qui sait ? sa longueur de carrière étant donnée — n'eût peut-être pas laissé à ses successeurs un morceau inédit de Pyrénées à se mettre sous la dent.

Le Bulletin Ramond annonça un article nécrologique, qui ne parut point. Il y a deux articles que la Société Ramond, présidée par Chausenque, n'a jamais eus : une étude originale sur Ramond et une sur Chausenque.

Mais elle eut un buste de Ramond, sculpté par le baron de Triqueti. Cérémonie de réception dans le salon du président Frossard le 22 août 1868 : devant les membres de la Société, réunis, on découvre le buste, on lit « quelques-unes des pages si admirables de Ramond ». Puis, pour ne pas négliger ce petit côté d'opéra-comique cher à l'enthou-siasme méridional et que les froids sectateurs des Alpes ne comprendront jamais, Frédéric Soutras, qui sans être jamais monté est de plus en plus convaincu sincèrement qu'il a monté (très nature, ceci !), apporte le « Chant des Explorateurs pyrénéens » (!) et entonne, en croquemon-tagne exalté (ici, prenez un fort accent du midi) :

TOUJOURS PLUS LOIN.... TOUJOURS PLUS HAUT !

« Aux vals où pendent les glaciers
La voix de Ramond nous appelle ;
En avant, les hardis pionniers !
En avant, la tribu fidèle,

> Sur les cônes et les pitons....
> Par tout côté, par tout versant,
> Sondons, fouillons les Pyrénées....
> Qu'importe que nos durs bâtons
> Sur les glaces mordent à peine?...
>
> . . . .
>
> Toujours plus loin... toujours plus haut!
> Il est encor de vierges cimes !
> Abordons-les... et s'il le faut,
> Qu'on aille à travers les abîmes,
> Qu'on aille à plat ventre, à tâtons.... »
>
> . . . .

Avé les bâtongnes, avé les maingnes, avé le venntre !
Il est terrible, ce bon Soutras, sur le papier.

XIX

CAUTERETS SOUS L'EMPIRE. — OSCAR COMETTANT.

Intermède.

*Mes pensées en voyage, excursions dans les Pyrénées,
par Mme la baronne de Montaran.* Paris, Challamel,
1868, in-8 de 335 pages. — La tournée des bains : style
enfantin. Mais au lac de Gaube, cette perle : « *On assure
que le Vignemale est une des plus hautes montagnes de
la France....* »

*Oscar Comettant. — De haut en bas, impressions
pyrénéennes.* Paris, Degorce-Cadot, 1868, in-12 de
311 pages.

Le titre aurait aussi bien pu être : *De bas en bas.* Oscar
Comettant, le « musicographe » bien connu, n'est pas
grimpeur, il l'est un peu moins que Voisenon ! et ne s'en
cache point. Monter ! la Brêche de Roland ! Non, vous ne
voudriez pas ! *Autant proposer à un homme qui se*

*promène sous les arcades de l'Odéon une promenade
en bateau, pour aller au pôle Nord!*

Le livre de Comettant ne vaut rien, et c'est sa qualité.
Il rend merveilleusement le vide d'une station de vingt et
un jours à Cauterets pour un boulevardier dépaysé qui se
traîne de gargarisme en buvette, privé, d'entrée de jeu, de
la seule distraction possible : la montagne. « Les étrangers
se plaignent que les distractions manquent à Cauterets.
On a le gargarisme, les bains, les petits cancans de lieu et
les soirées musicales et dansantes de l'hôtel Meillon. »

Mais — oh, les démangeaisons qui nous prennent
d'écrire ! — du néant même un homme de lettres ne doit
pas manquer l'occasion d'extraire un volume. Trois
cents pages. Avec quoi ? Avec des cheveux coupés en huit,
des riens surabondamment délayés. Comettant tire à la
ligne, sans prétention d'ailleurs et avec entrain : il a
l'ennui gai. Un lot de plaisanteries sur le pèlerinage de
Lourdes qui commence à se développer ; un chapitre sur le
crieur de ville, Tarrieu, tambourinant une gourde de café
perdue au sommet de l'Ardiden ; un sur le pêcheur Soulé,
le Napoléon de la truite; d'autres sur le marché aux
chiens, sur les porteurs de chaises, sur le vieux guide
Latapie qui vient de conduire au Cabaliros monsieur de
Chausenque, sur les fils d'Abd-El-Kader et la prise de la
Smala, sur un isard mis en loterie, etc. Un moment de
distraction agréable lors des fêtes pyrénéennes de
Cauterets, où, à la suite de la fanfare de Tarbes attaquant
un pas redoublé, une série de voitures mène aux courses
de chevaux un essaim de jolies femmes *emmousselinées*
(ceci est très second Empire). Comettant s'intéresse aussi
aux courses de femmes du pays ; et il est même honoré
des fonctions de *starter* pour les courses d'hommes :
Battant-Lapeyre, Dulmo, Bordenave et Hittau. C'est de la
copie toute trouvée.

Comettant, qui ne monte pas, a une admiration profonde pour les gens qui montent. Par exemple, pour son ami M. Denis, professeur au Lycée Saint-Louis, qui lui raconte — en fort bons termes d'ailleurs — son ascension au Mont-Perdu avec Henri Laurent (Henri Passet), fils d'un guide célèbre qui vient de mourir (Laurent était mort à la fin de 1864), descente par le lac glacé et le versant de Héas (Tuquerouye), où le guide Henri *part* en glissade, laissant stupéfait son voyageur que, d'ailleurs, il remonte bientôt chercher....

Avec tout cela nous n'en sommes qu'à cent cinquante pages; et visiblement, l'auteur est à bout. Mais ici, arrive, fort à propos, son ami le pianiste et compositeur Marmontel, le professeur au Conservatoire. Celui-ci s'éprend de la montagne et des ascensions. Il fait le Vignemale. Et voilà, sous le titre *Marmontel à la recherche d'un allegro de sonate*, cent cinquante autres pages trouvées : le Vignemale de Marmontel ! Pages creuses. Comettant a d'abord la velléité d'accompagner son ami : mais à la vue du glacier de Montferrand, il réfléchit : « *Non, non, je ne m'aventurerai point à ces hauteurs insensées, où la mort n'a de sépulture que l'estomac des vautours. C'est bien décidé : la crête du Vignemale n'aura pas l'honneur d'être caressée par la semelle de mes souliers. Non, Marmontel, non !* » Il raconte être monté au petit Vignemale et avoir vu de là Marmontel et ses guides sur le grand névé, *semblant des mouches dans une gamelle de crème.* Il se pourrait que cette ascension ait été simplement faite.... dans le livre de Chausenque. Comettant n'est pas exact : il raconte la catastrophe des deux jeunes Couturier et Coquillaud, 1836, en la travestissant en l'histoire de deux anglais. Il ajoute même cette réflexion originale : *l'un des deux voyageurs ayant rendu le dernier soupir, la responsabilité du guide était dégagée* (!). Enfin il nous dit qu'avec Marmontel il descend le val d'Ossau (*sic :* d'Ossoue), et arrive à Gavarnie; il y est peut-être venu tout simplement en voiture, de son côté.

Comettant est obsédé de l'idée des anglais : pour lui, il doit y avoir un anglais dans chaque coin des régions de montagne. En arrivant à Gavarnie, il crie à la maîtresse de l'Hôtel des Voyageurs : *Où est l'anglais?* (comme un juge d'instruction dirait : Où est la femme?)

— Il y en a un, Monsieur, — répond l'hôtesse, — il est parti à quatre heures du matin avec son herbier; il est savant, géologue, botaniste, géographe, écrivain, aimable, simple dans ses goûts, et fort généreux avec les guides. Il ne craint ni le chaud ni le froid, il couche dans les cabanes de bergers.... — *Cet anglais est un héros!* interrompt Comettant. — Il est membre de l'Alpine Club, fondateur de la Société naissante des excursionnistes pyrénéens dont M. Chausenque est président honoraire, il habite depuis deux ans Gavarnie, pour y écrire un *guide*.... — Et le nom de cet anglais? — Il s'appelle M. P***.

Et le soir Comettant se fait présenter à Packe (car l'anglais, ici, c'est Packe), qui le ravit en lui racontant une histoire de chasse au Pimené, avec la foudre tombant sur des fusils chargés.

Après quoi, Comettant, qui ne doute pas à quel point il rappelle la duchesse d'Abrantès, rentre avec Marmontel, dont le pantalon est écorché, à Cauterets. *On fut surpris de nous revoir à l'hôtel Meillon,* dit-il sur le ton détaché, *car on nous croyait morts au Vignemale....*

Tout simplement!

XX

GUIDE TO PYRENEES DE 1867. — LE *JOANNE* DE 1868.

Par les simples notes du *Bulletin de la Société Ramond*, nous avons des nouvelles de Packe. — Il a trouvé un rouge-gorge *vers le sommet du Perdighère* (indication d'ascension). — Il s'est fait descendre plusieurs fois, en nombreuse société, dans le puits de la Pindorle, près Bagnères, remarquable par ses pendentifs de glace. Le docteur Costallat l'avait exploré en 1848 (en précurseur des explorations souterraines de Martel). — Passant l'hiver de 1866 à Gavarnie pour parachever son *Guide*, il a fait sa quatrième course de Barèges à Bagnères par la brèche de Pène-Taillade, mais cette fois le 26 janvier (1867), traversant le lac Bleu sur la glace, et sans autre guide que ses deux chiens; exploit de montagnard. — Il a publié la deuxième édition du *Guide to the Pyrenees*, remarquable : pour le *climber* anglais c'est la loi et les prophètes — même l'acte de naissance des Pyrénées.

C'est dans ce nouveau travail qu'il vulgarise la vallée « d'Arras », par la première description qui ait été insérée dans un guide. « *Du petit nombre de personnes qui l'ont visitée, je n'ai rencontré aucune qui ait été déçue. Les rochers sont si colorés, si hauts, si variés de forme, si étonnants, les forêts si magnifiques, qu'à part une vue de glacier, ceci ne peut être que difficilement surpassé dans aucun pays. Le coup d'œil est magnifique au plus haut degré : de superbes clairières semblables à un parc, des murs prodigieux et des tours de rochers d'un coloris superbe. A moitié vallée, un passage difficile* » (c'est Salarous, pratiqué par les chasseurs de bouquetins) « *conduit des rochers du Cotatoire à la brèche de*

Roland.... » Et l'on voit réapparaître la fameuse *couéba* (*cueva* : rocher en fort surplomb, sorte de caverne) qui fut, croit-on, l'abri de Ramond pour la nuit.

Dans cette seconde édition du *Guide to the Pyrenees*, est citée pour la première fois une personne bientôt célèbre parmi les touristes qui fréquenteront l'Aragon et qu'elle hébergera : la tenancière de l'auberge de Torla, la marquise de Vio. Il commence aussi à être question d'un jeune guide déjà rapidement célèbre : Henri Passet.

En 1868, parti de Gavarnie avec Henri Passet et deux porteurs de bagages... à savoir ses chiens Ossoue et Azor, Packe est allé coucher à Torla, à l'hôtellerie de la marquise. De là, col de Cotefable, passage dans la vallée du Gallego; Viescas, col de Mon-Repos (belle vue sur le revers Sud du massif du Mont-Perdu); Mezon-Nuevo, le *Pantano* de Huesca, lac endigué « qui attirerait des milliers de touristes s'il se trouvait dans les Pyrénées », descente de la Sierra dans la plaine, Huesca, chemin de fer,.... et bientôt herborisations et campements sur les sommets de la Sierra-Nevada : le Picacho de Veleta, le Mulhacen, etc. (La Sierra-Nevada sera volontiers pratiquée par les pyrénéistes, comme un annexe éloignée.) En 1869 il a commencé à dresser une carte du Mont-Perdu, pour faire suite à celle des Monts-Maudits, et avec Chapelle et Henri Passet il a fait l'ascension du Mont-Perdu par la vallée de Bielsa, le versant Est, le col de Niscle — facilement — retrouvant ainsi le chemin de Ramond.

Le *Joanne* de 1868, troisième édition, est un livre marquant, comme concentrant les résultats des découvertes nouvelles des dix dernières années; comme reflet très curieux de Russell, auquel il fait d'ailleurs une publicité immense : — commencement d'une popularité et d'un prestige qui ne feront que croître.

La vallée d'Arras (d'Arrasas, d'Ordessa), n'est pas encore citée dans ce *Joanne* de 1868, qui cependant, décrit la difficile descente au Sud de la brèche de Roland par « Salarous, chemin de contrebandiers ».

Pendant que le livre fait de la concentration, le périodique fait de la dispersion. Le pyrénéisme tend à s'égrener en faits divers.

Tel botaniste est monté au Gabizos avec le jeune guide Orteig, est descendu par l'Est, et, encouragé par le succès, a fait le pic Amoulat, et est bien content de l'avoir fait, parce que Russell n'a pu le faire, à cause du vent, et parce qu'il y a plusieurs années (lisez : en 1819) un médecin du Béarn (lisez : Dufour) a failli s'y tuer : d'ailleurs, comme vue, rien de particulier.

Le nom de Dufour revient ici après un demi-siècle !

[Mais nous aurions pu retrouver notre pyrénéiste de 1819 et de 1820 deux fois, en parcourant les *Actes de la Société Linnéenne de Bordeaux*. — En 1836 d'abord, dans une lettre du docteur Grateloup, Dufour racontait sa dangereuse descente de 1819 du pic Amoulat, après une ascension incomplète. A ce récit, il en joignait un autre, détaillé, monographique, d'une ascension au pic d'Anie, faite « quatre ans après les ingénieurs-géographes ». — En 1847, sous le titre : *Souvenirs et impressions de voyage sur des excursions pyrénéennes à Gavarnie, Héas, pic du Midi, Montagnes maudites, pic d'Ossau, lac Bleu*, il reprenait en détail son ascension au pic d'Ossau en août 1819 ; il répétait presque entièrement son voyage à Luchon en 1820 avec Reboul, et le tour des Monts-Maudits, et ajoutait le récit — un peu lourd — de deux voyages faits en 1843 et 1844 avec ses deux jeunes fils. Il dédiait ces *Souvenirs* — assez faibles, et d'ailleurs

encombrés de botanique — *à M. Massey, le compagnon
de Ramond avec l'illustre Mirbel.* — Massey avait été de
la première expédition sur la Tuquerouye; Mirbel, des
deux. Depuis, ce jeune de Mirbel, élève de Ramond à
l'école de Tarbes, était devenu botaniste célèbre, membre
de l'Institut, secrétaire général du Ministère de l'Intérieur, etc., et mari de cette madame de Mirbel si réputée
sous le Gouvernement de Juillet comme miniaturiste. —
En apercevant, de l'entrée de la vallée d'Estaubé, le
sommet du Mont-Perdu, et en se rappelant tous les détails
du récit de Ramond, et la « faiblesse » de La Peyrouse,
et la position périlleuse du contrebandier espagnol, Dufour
dit avoir éprouvé « une sorte d'hallucination extatique ».]

Contemporain de Chausenque, né comme lui en 1782,
Dufour pratiqua, lui aussi, les Pyrénées tant qu'il conserva
quelques forces. Et pendant que Chausenque octogénaire
montait au Cabaliros, Dufour à quatre-vingts ans retournait
encore au pic du Midi, en 1863. Il mourut en 1865.

La Société Ramond se met à organiser des « excursions
scientifiques » : lac de Peyralade, lac de Lourdes, Lhiéris.
La voilà, la déplorable « vulgarisation » de la montagne.
Cook's tours! C'est par Lourdes qu'elle commence, elle
finira sur les sommets....

RUSSELL

(SUITE)

XXI

ÉMILIEN FROSSARD : LE CLOT DE LA HOUNT.

Emilien-S. Frossard, fils du fondateur de la Société Ramond, et lui-même pasteur protestant à Bagnères comme son père et son frère, fut un solide montagnard. Il se mit aux ascensions en 1864.

C'est à lui qu'on doit le premier récit — excellent — de l'ascension à la source de la cascade de Gavarnie, 27 juillet 1866. Ayant trouvé praticable la rimaye où l'année précédente « son ami Russell » avait échoué, Frossard put franchir la brèche, qui reçut de lui ce jour-là le nom, bien mérité, de *Brèche Passet*, effectuer la très délicate descente au Sud, venir à vingt mètres du point de départ de la célèbre chute d'eau, et s'offrir là « deux heures de repos et d'admiration ». Dans le cirque, les touristes, pullulant, semblaient des fourmis sur un tas de sable.

Sous le titre collectif *Quelques courses aux environs de Cauterets*, Frossard, dans le *Bulletin Ramond*, décrit l'ascension aux lacs et au col d'Estom-Soubiran; — à l'Ardiden, monté de Cauterets, en 1867 avec un nouveau

venu, Marmontel (l'ami de Comettant), le professeur au
Conservatoire, qui s'est épris de grandes ascensions. Le
côté saillant du récit, d'ailleurs parfait, est toujours le
caractère ruiné et fatigant de l'Ardiden. A partir de ce
moment, d'ailleurs, tout est dit sur ce pic ; il est arrivé,
à son tour, à la période de vulgarisation....; — au pic
d'Enfer... pardon ! à la Quijada de Pundillos, car Frossard
est agréablement caressé par ce nom, et c'est lui qui
l'introduit dans le lexique.

Le récit de cette seconde ascension au pic d'Enfer
(seconde, hélas ! le regret du montagnard est visible) est
important : il inaugure aux Pyrénées la relation courante
d'ascensionnisme, avec sa qualité et son défaut : l'exactitude
méticuleuse, photographique, dans les moindres détails,
qui donne une impression de vie et de vérité, mais aussi
la longueur. Les revues ne poussent pas à faire court,
elles ont besoin de copie, et de copie agrémentée, tous
les détails mis sur le même plan, les principaux et les
accessoires. Il faut expliquer qu'on est parti pour une
grande ascension « avec des bâtons ferrés et le sac sur
le dos ». Nous l'aurions supposé. A la cabane du Marcadau,
on veut respecter la demeure des pâtres : « on change
de linge en plein air ». Il y a un chien, boîteux, qui est
caressant, ce qui gêne pour dessiner. Les chèvres aussi,
sont gênantes. Mais il vient un pêcheur. Il apporte des
truites. On les paye un franc cinquante centimes. Il y en
a huit. On les confie aux pâtres. Ceux-ci allument du feu.
Ils font frire les truites dans une poêle. Toutes à la fois.
La poêle est trop petite. Ils mettent de l'ognon. Ils
remuent avec un morceau de bois.... Et ainsi de suite
pour le coucher, le lever, la montée au port : comme on
est à pied, au lieu de suivre le sentier des mulets, on
prend celui des piétons.... Etc.

Voilà de quel côté va pencher la littérature de montagne.

Enfin, vient le pic : il n'a plus de neige, mais il est beau. Frossard, avec son guide Joseph Barane, attaque par la même arête Nord-Ouest que « son ami Russell », la trouve difficile sur la fin, quoique sans glace, redescend par une variante d'arête, calcaire, glissante et vertigineuse, et remontant par un contrefort Sud, arrive au sommet si désiré, à la pyramide Russell. « Ceux-là seuls qui ont passé dix mortelles heures à parcourir des déserts de pierre et de glace peuvent se figurer l'émotion que l'on ressent à retrouver la trace de l'homme, une construction humaine, surtout lorsque l'on sait que c'est l'œuvre d'un confrère, d'un ami sympathique. *Avec quel soin on déplace la bouteille commémorative de la première ascension et l'on en retire la carte témoin de cet exploit; on la lit, on la contemple, on critique même les observations qui y sont écrites; puis, après y avoir ajouté sa propre carte, on la remet dans la tour, on la recouvre religieusement.... »*

Nous entrevoyons que pour les grimpeurs, bientôt, le pic deviendra comme sacré ; l'ascension, solennelle ; le moindre geste de la main ou du pied, hiératique.

Examen du panorama : « magnifique, charmant surtout par sa nouveauté, et où les montagnes se présentent sous un aspect inusité ». Voilà le vrai point intéressant du récit : imaginez le Monné de Cauterets transporté de l'autre côté de la chaîne ! Les Pyrénées vues par le Sud : le Vignemale, le Baïlétous (on n'écrit pas encore Balaïtous), vingt lacs en vue, une région désolée, farouche; révélé, tout le haut massif qui entoure les bains de Panticosa, avec ses lacs glacés et ses cols neigeux; en face, sous le Vignemale, une région nouvelle, le « Bramatuero »; enfin une vue immense sur des montagnes espagnoles, dont on ne prononce pas encore les noms.

Frossard entreprend audacieusement la descente par

cette arête Nord-Ouest, sur laquelle, à la montée, Russell et lui ont renoncé. Il la réussit.

Encore une question qui va prédominer dans les récits : la question d'arête ! C'est légitime : l'arête est le *to be or not to be* du grimpeur. Et plus la grimpade devient dangereuse, plus l'opération est grave et délicate, plus le manuel opératoire doit être précisé....

En août 1868 Frossard, avec Sarrettes, Barane et un touriste insuffisamment exercé, s'avise d'un coup d'audace : monter au Vignemale, à l'Ouest, en aboutissant directement près de la cime, par un escalier de glace à tailler dans la raillère redoutable du *Clot de la Hount*.

On s'embarque à neuf heures sur une mauvaise glace bleue et polie, où la hache mord à peine ; on espère en vain que la glace blanche sera meilleure ; après des heures de travail, on essaie du rocher, qui devient impraticable. Barane part en avant, il appelle : « Venez ! quelques pas de plus, nous sommes au sommet ! » C'est encore le parti le moins périlleux. Mais « la démoralisation est dans le camp ». Dès lors les voyageurs sont en perdition : condamnés à la plus dangereuse des descentes. Barane laisse échapper sa hachette (pas de piolet encore) qui heureusement ne file que dans une crevasse peu éloignée. Enfin, l'habileté et le dévouement des guides sauve tout ; ils descendent les ascensionnistes à la corde : on retrouve la hachette, et retaillant les pas du matin qui s'étaient effacés dans la journée, on arrive à se remettre en sûreté à cinq heures du soir, après neuf heures de difficultés et d'angoisses. Frossard, d'ailleurs, en vrai montagnard courageux, n'est point autrement effaré, et ne conclut pas que cette voie est impossible ; mais qu'il faut choisir la saison, avec la neige bonne....

Cette ascension de casse-cou, bien que manquée, est de

première importance. Elle pose, aux Pyrénées, la fameuse question de l'utilité des dangers inutiles. Frossard lui-même la pose et donne la raison toujours invoquée en pareil cas : l'utilité de trouver une voie nouvelle. Russell répond par l'inutilité d'atteindre par la difficulté et au risque de la vie un pic sur lequel, en arrivant, on trouvera des femmes ou des enfants, montés de l'autre côté la canne à la main.... La controverse est ouverte sur ce sujet : élément des discussions passionnées d'hôtel et de bivouac entre pyrénéistes. Elle ne sera pas épuisée trente ans après !

Pour se dédommager de son échec, Frossard, en 1868, fait le Mont-Perdu par le col de l'Astazou : « encore une découverte de la famille Passet »; retour par la brèche. Le récit, dans le Bulletin Ramond, sera bon et sobre : précieuse relation détaillée d'une course rare, faite de compagnie avec un ami de Packe, l'anglais Ormsby, qui l'a racontée dans l'*Alpine Journal*.

[Anticipons : Emilien Frossard, inconsolable, a toujours l'arrière-pensée que le pic d'Enfer n'est pas épuisé et qu'il y a encore une « première » de quelque chose à en tirer. Il y envoie en 1869 « son ami Marmontel » qui reprend les itinéraires connus. (Dès à présent, notons ici au passage une habitude de rédaction qui va se généraliser désormais chez les pyrénéistes : ne parlerjamais les uns des autres sans s'appeler « *mon ami* un tel ». Ils s'aiment, c'est entendu; mais l'emploi de la formule « mon ami » ne grandit pas la forme des récits, où la découverte des Pyrénées devient comme une sorte d'exploitation de famille). Enfin, le 6 août 1870, Frossard attaque par le Sud-Est et le glacier, dans lequel le guide Barane taille des pas avec la même hachette qu'il avait au Clot de la Hount. Frossard a la joie de se trouver sur la longue crête terminale du pic d'Enfer *à l'extrémité opposée à celle atteinte jusqu'alors.* Donc, « première » de cette extrémité.

Mais il y a un point milieu de la crête, et prédominant d'un mètre. Frossard y arrive. Le voilà « au véritable sommet du pic d'Enfer ». Est-ce la « première ascension » ? Hélas ! « En 1867 », dit-il, « j'avais formé le projet de faire la première ascension du pic d'Enfer : mon ami Russell m'y devança de quelques semaines. Cette année encore, j'avais la prétention d'être arrivé le premier sur la cime du milieu, et j'appris sur place que Barane y avait conduit l'année précédente le capitaine Scholer, de la garnison de Toulouse. C'est donc à ce touriste que revient l'honneur de la première ascension au véritable sommet du pic d'Enfer ».

Alors Frossard poursuit sa route jusqu'au point terminus, au cairn de Russell : il fait la « première » de « l'ensemble » de la crête. « Parvenu sur la dernière cime, nous déclarons le pic définitivement vaincu ».

Sous ce dédoublement et détriplement d'un pic, que de regrets ! Mais pourquoi n'avoir pas été prêt le jour de la première ? En montagne comme à la guerre, il ne suffit pas d'être brave : il faut être heureux....

Ici finit l'histoire du pic d'Enfer. Il sort désormais de la période de découverte et tombe dans le domaine public. D'ailleurs, pic très « lancé ». (Et toujours dans la région opposée à Luchon).

Emilien Frossard fils fit encore une course de pure difficulté : l'Arbizon par le Nord (1871).

En 1873 il publia dans le *Bulletin Ramond* de jolis récits sur la pêche et la chasse à Cauterets.

Il finit sa vie naturalisé Anglais et chapelain anglican à Bordeaux.]

XXII

LE VIGNEMALE EN HIVER.

Russell est écrivain : il sait se borner. D'instinct il sent que le pic, toujours le pic, le pic tout sec, est un sujet trop spécial, auquel est applicable le fameux axiôme sur les bayonnettes : une littérature peut s'y appuyer quelque temps, mais non s'y asseoir. D'ailleurs une collection de pics, comme toutes les collections, vaut surtout par les seuls objets exceptionnels, et l'on n'a pas à tout coup l'occasion d'un Cylindre, d'un Cotieilla, d'un pic d'Enfer.

Alors que les récits d'ascensionnisme tendent à s'étaler, il se concentre. Comme s'il avait le pressentiment que les articles de revue ne sont que les éléments, la répétition générale, d'un futur livre, il évolue de plus en plus vers une manière serrée. En un rapide résumé annuel, chant dont chaque ascension est une strophe, il concentre tous ses exploits d'une saison entière, donnant ainsi une sensation extraordinaire de force, de vitesse, d'ubiquité.

Ces « variations sur les pointes », qui le mettent hors de pair et où il demeurera inimitable, il les appelle modestement du « vagabondage ».

Vagabonder, en 1868, c'est passer la nuit à la brèche de Roland, et dégager la poésie d'un coucher de soleil où la tristesse du côté du Nord, couvert, contraste avec le rouge incendie du versant aragonais; c'est essayer en vain d'atteindre la source de la cascade par le fond du cirque, au risque de se faire enlever par la chute d'une partie du glacier du Casque, et monter au Taillon « trop peu connu » par le glacier, aussi crevassé qu'un glacier des Alpes : ceci, sans corde; sauter de là au groupe luchonnais

« devant lequel la plume elle-même se sent prise d'une
espèce de recueillement », enlever avec le guide Haurillon
le pic d'Albe, par un soleil éblouissant et torride, et « s'y
sentir fier des Pyrénées, car on s'y serait cru au milieu des
hautes Alpes, la terre et les rochers ne se montrant plus
que par îlots lugubres dispersés çà et là sur un horizon
de neige et de gouffres glacés : la corde nous fut utile » ;
allez revoir le lac polaire de Litayrolles ; passer à la
contrée sauvage du Néouvielle « presque aussi peu connue
que l'Amérique russe » (et qui l'est toujours restée) bien
que déjà décrite dans Joanne : lac de Rabiet, lac et
hourquette de Bugaret, vue sur le lac de Cap-de-Long et
retour à Luz entre le Maucapéra et le Montarrouye ;
revenir, à Gavarnie, sur le Casque, l'enlever en vingt
minutes et le cribler de sarcasmes — *le tuer d'un regard
de mépris*, comme dira un livret de Wagner — : « ce pic
affecte le militarisme, il est plein de morgue ; c'est un
faible adversaire, quand on l'approche on ne trouve plus
rien. » Eh si, Russell a trouvé quelque chose : une
tourelle ! « *Ainsi de tous les pics du Marboré, depuis le
Mont-Perdu jusqu'au Taillon, le seul où j'ai eu le plaisir
de ne pas trouver de trace humaine, c'est le Grand
Cylindre, et ce plaisir n'est ni si petit ni si vulgaire que
le pensent les hommes civilisés* » (surprise d'un amoureux
qui commence à soupçonner que sa belle pourrait bien
avoir un passé !) ; refaire l'ascension du Vignemale,
attribuer dans un premier élan d'enthousiasme, au glacier
d'Ossoue, le double de sa longueur, être obligé de
descendre dans la « grande crevasse » qui coupe tout le
glacier en deux, y cheminer du Nord au Sud comme dans
une rue et débarquer enfin près du Montferrat, d'où,
jusqu'à la cime, aucune difficulté (supposons le prince de
la Moskowa ramenant à ces termes simples l'aventure de
son guide Cantouz en 1834, elle devient très acceptable) ;

monter le lendemain au petit Vignemale, « qui n'est pas, malgré son épithète, un pic à dédaigner »; se promener longuement sur le glacier Nord : « lui aussi est plus grand qu'on ne pense », et y esquisser ce tableau saisissant : « Dans les fissures bleuâtres, il coulait à grand bruit, comme saisis de vertige, des ruisseaux très rapides dont le volume et la vitesse augmentaient d'heure en heure, suivant la hauteur du soleil qui en réglait la fonte. A midi, le fracas de ces mille ruisseaux ensemble était presque un tumulte, ils grondaient, mais à quatre heures du soir, quand je redescendis, l'ombre s'étant jetée sur leurs sources, ils s'apaisaient déjà, et le silence revenait sur le glacier. Les torrents, moins fougueux, laissant à sol leurs lits de glace, s'engloutissaient jusqu'au lendemain dans leurs caves bleues, et bien qu'on entendit encore dans les vastes profondeurs des crevasses des bruits sans nom qui ne s'entendent que là, des espèces d'ingurgitations, comme de quelqu'un qui avale, le glacier s'endormait : car tout se calme le soir, les orages, les glaciers, l'Océan et jusqu'au cœur de l'homme. Moi-même assoupi là, comme le soleil tombait, je croyais voir une machine toute puissante qui travaille et se plaint, qui se déchire et se disloque pendant le jour, et dont les pulsations s'arrêtent le soir ».

Ici, plus de « vagabondage » mais une ascension capitale pour son temps, et célèbre : le Vignemale en hiver !

Russell, soupçonnant les hauts sommets non seulement accessibles en hiver, mais moins froids qu'on ne le supposait, arrive à Gavarnie le 10 février 1869 : « le cirque, couvert de glace de haut en bas, luisait comme une cuirasse; tout y était gelé, funèbre et immobile, et par dessus ses assises bleues, où peut-être pas un rayon de soleil n'était tombé depuis trois mois, se déployait l'azur mélancolique d'un ciel polaire : le calme était partout et la température très douce. » Le 11, à dix heures du matin, départ avec Hippolyte et Henri Passet, à la lanterne. Au jour, on entre dans la neige, à 1,800 mètres; le blanc se fait partout, si bien qu'à vingt lieues de Pau Russell retrouve pour un jour la poésie magique des matinées de la Sibérie. Rochers, moraines, ravins, cascades, tout dort dans la neige, blanc sans limites foudroyant pour les yeux, où seuls les ascensionnistes forment trois taches errantes. Plus de crevasses, la corde inutile. Chaleur extrême, un peu d'air seulement à 3,000 mètres, à la hauteur de l'ouverture des brèches; sommet à trois heures : 30 degrés au soleil, 10 à l'ombre. « Instant mémorable où, perché à 3,298 mètres dans une pareille saison, j'avais la certitude que pas un homme dans toute l'Europe n'était si haut placé que mes deux guides et moi ». Ceci est le mot du grimpeur; le poète se hâte d'ajouter : « l'homme le plus froid n'aurait pu se trouver là, sur cette espèce de cathédrale céleste, et voir les Pyrénées gelées sous ses pieds d'un bout à l'autre, sans éprouver quelque chose de presque surnaturel et se croire enlevé, par un miracle, dans un brillant paradis de neige. Ces pics sans nombre, que nous trouvons pendant l'été si noirs et si terribles dans la foudre et l'éclair, aujourd'hui purs, tranquilles et blancs, dardant des flammes..., ces gorges, pleines de la majesté du tabernacle et chaudes comme des ravins d'Afrique; en un mot cet ensemble de splendeurs boréales et torrides, qui donc peut l'oublier, s'il a pu le voir?... Mon enthousiasme touchait à la folie.... »

Au retour, dans la neige ramollie où l'on enfonce d'un mètre, un seul danger : la possibilité de se faire ensevelir sous une avalanche en descendant les parois de la cascade des Oulettes. Rentrée à Gavarnie à dix heures du soir, après seize heures de ce que Théophile Gautier aurait appelé « une symphonie en blanc majeur ».

Cette ascension, Russell lui-même nous le fait remarquer, est une curiosité, une rareté; mais au fond, monotone, car les contrastes de matières et de couleurs ont disparu.

XXIII

BÉCIBÉRI. — BRAMATUERO.
LA MUNIA PAR LE NORD. — ETC.

Reprise du vagabondage. A Luchon, avec un guide, passage du col des Salenques (ici, une glissade à se tuer, mais ceci n'a aucune importance), arrivée au modeste mais exquis lac de Bécibéri : « un petit bois de Boulogne » dans un chaos de granit. Ascension d'un piton du Montarto (un des sommets du Bécibéri?), brouillard, peu de vue. Orages partout : « un concert à faire trembler ». Montée au lac du port de Rieus. En voyant le dessin de ce lac ajouté sur la carte des Monts-Maudits, le guide demande *si ce n'est pas une truite....!*

Sur cette Sierra de Montarto Russell n'insiste pas. Cette « démocratie de pics » comme il l'appelle, ne lui plaira jamais (à tort!) : beaucoup de sommets très hauts, mais il en manque un nettement dominant, glorieux à prendre.

Pour revenir à Luchon, une course « digne de Zermatt », par le col Alfred : neiges magnifiques, lacs gelés (on est en juillet), chute d'ice-bergs, le pôle en Espagne et dans la canicule. Cet extrême fond de la vallée de l'Essera est une splendeur. Russell en est enthousiaste et l'estime la plus grandiose partie des Pyrénées.

De Cauterets, une gigantesque course, et désastreuse en ce sens que Russell, qui est seul, laisse rouler au fond du précipice son sac, contenant ses cartes et ses vivres. La

scène se passe derrière le Vignemale, — arrivée par le
col des Mulets — sur le flanc méridional du pic de
Péterneille (aujourd'hui encore les guides ne manquent pas
de montrer « l'endroit où le comte Russell a perdu son
sac »). Harassé par un jeûne prolongé, ayant monté le
Péterneille presque jusqu'au sommet, dérouté dans le
brouillard, à peu près perdu, angoissé, se croyant rentré
sur le versant français, voici qu'au retour du soleil,
l'ascensionniste aperçoit en face de lui le col d'Enfer ! Il
est en Espagne, à deux heures des bains de Panticouse,
sauvé et « ne dépendant plus que de ses muscles ».
Il est dans un chapelet de lacs, au milieu de la mystérieuse
région du Bramatuero (*Pramatuera*, disait Joanne).

Autre course : dans la région compliquée et triste du
col de Culaous. Etc., etc.

Puis, un jour, arrivant à Héas à onze heures, et
s'emparant du guide Chapelle, il s'avise, pour gagner du
temps et éviter l'interminable arête Est du cirque de
Troumouse, d'attaquer la Munia à plein pic, à côté des
« Sœurs de Troumouse »; il aborde le glacier : crevasses,
pas de corde. « Un quart d'heure après c'est à califourchon
qu'on aurait pu nous voir sur une arête de glace heureusement très solide, ayant sous la jambe gauche un talus de
neige qui fuyait aux abîmes à un angle impossible, et rien
du tout sous la jambe droite, qui pendait dans le vide, entre
la glace et des parois des rochers à pic ». *Jamais personne
n'est passé par là*, dit Chapelle. *Je m'en doutais*, riposte
Russell. Sur ce dialogue spartiate, ils atteignent la crête,
à gauche de la Munia, à droite du pic de Troumouse.
« *Pourquoi donc* — demande Russell d'un air dégagé —
« *celui-ci a-t-il l'honneur de porter une tourelle, et pas
l'autre, qui le domine d'au moins vingt mètres? Une*

distinction devrait toujours être méritée. » Vingt-neuf ans plus tard, seulement, Russell connaîtra avec admiration la campagne des géodésiens. Aux alpinistes de la fin du siècle, il recommandera trois ascensions pyrénéennes : le Coroné par le Sud, le Balaïtous par l'Ouest, et la Munia par le Nord : « *on ne peut rien escalader de plus vertigineux, à moins d'être un lézard* ».

Au sommet de la Munia, Russell s'écrie : « Quelle vue! Le nom de tous les pics remplirait ce bulletin. Quels précipices à l'Est et au Midi! Et le Mont-Perdu! Jamais il ne m'a tant frappé. *Oh! Ramond, vous seriez venu vingt fois au pic de la Munia si vous l'aviez connu!* »

Et encore : « *D'ici le Mont-Perdu fait presque autant d'effet que le Mont-Blanc* ».

Voici la Munia au pinacle!

En juin 1870, une grosse affaire, l' « exploration » du Balaïtous. Attaque par Labassa, la crête de Fachon, et échec, à une brèche *au delà de laquelle rien d'humain ne peut monter*. Découragé, non désespéré, Russell décide de faire le demi-tour complet du pic, se retrouve dans le vallon de Bacrabère puis aux passes de la Barane, et reprend la fameuse arête Ouest. A cent mètres du sommet, orage terrible, grêle, grand froid; Russell et son guide Basile, fils de Gaspard, d'Arrens, restent une heure collés aux rochers. Vaincus, ils descendent en Espagne, contournent le Sud du pic (côté Piedrafitta), passent la nuit dans une cabane et le lendemain rentrent en France par le col de la Pierre Saint-Martin et reviennent à Labassa, ayant fait le tour complet du Balaïtous, Le jour suivant, attaque avec Basile et Poulou-Sallettes, par l'Est, la rive Nord du glacier de Las Néous et la fameuse cheminée : la « gouttière ». Au bas, baille une énorme crevasse. Russell aime peu l'idée de tomber dedans, mais il se console en pensant qu'avec la vitesse acquise on tombant on passerait par dessus... Enfin, après s'être pendus, hissés, on a le pic sous les pieds et Russell, à moitié ivre de joie, « bondit » sur la tour. Il propose la descente par l'Ouest, et Sallettes, le vieux chasseur, ayant dit « oui », se met à genoux, ôte son chapeau et fait sa prière. « Scène sublime, vu les lieux, les circonstances, et l'immense poésie d'une âme honnête en face de l'univers ».

Ce furent-là les beaux et grands jours du Balaïtous ; sa seconde jeunesse. Mais aussi, dans la narration, quelle forme ! quel nerf et quel charme !

Et maintenant, comme le sent Russell lui-même, il faut abréger, sur cette matière de montagne : « la patience du lecteur l'exige ».

En 1870, nous trouverons encore Russell faisant sa troisième du pic d'Ossau. Seul, et montant sur une ligne à lui, hors des cheminées et des barreaux du préfet d'Auribeau (Russell, pour la facilité des ascensions, admet les hôtels et les refuges : les barreaux, jamais !). En automne, il monte au Vignemale par Cerbillonas, (c'est-à-dire par l'Ouest).

Entre temps, pendant l'été, il a fait sa seconde du Cotieilla, couché au sommet, et subi une attaque de brigands.

Mais ici Russell n'est pas seul, il a un compagnon nouveau venu : Lequeutre.

Ceci veut dire que nous sommes entrés dans un acte nouveau et définitif de la grande pièce pyrénéiste.

ENTR'ACTE.

I

DANS LA RÉGION D'OSSAU.
BAYSSELLANCE. — JAM.

Deux pyrénéistes spécialistes, amoureux fidèles des montagnes d'Ossau.

L'ingénieur des constructions navales Bayssellance, assidu aux Eaux-Bonnes par goût et par service (réception des bois de la Marine) depuis 1860. Les Pyrénées lui deviennent une passion. Comme aux hommes de science, enlever les pics pour le brio ne lui dit rien. Il n'est pas pour les sommets dominants, « d'où tout paraît écrasé », mais pour les points très dégagés au-dessous des sommets dominants, d'où l'on apprécie bien l'imposante majesté des massifs. Bref, il est pour les panoramas à premier plan.

Il est aussi pour l'étude à fond d'une région : on lui doit donc le remarquable plan en relief de la vallée d'Ossau (quadrilatère Arbéost — pic Montagnou — col des Moines — Balaïtous), au 40.000°, commencé en 1862, et dont il n'a cessé de perfectionner les exemplaires successifs.

En 1869, il donne au Bulletin Ramond les *Excursions*

dans la vallée d'Ossau : montagne de la Gentiane, pic de Sesques, les cinq lacs, tour du Pic du Midi, pic de Cézy, — le Gabizos à la splendide vue (monté avec Orteig qui le connaît encore mal et ne peut atteindre le véritable sommet), montagne peu populaire, trop fatigante pour les promeneurs de demi-pics, trop peu haute pour les hommes de sommets, — le lac d'Artouste, « qui commence à être connu et souvent visité, depuis que les guides, Lanusse le premier, sont parvenus à conduire les chevaux jusqu'au col d'Arrious ». Comme les courants sont longs à s'établir ! Cette région d'Artouste est de premier ordre. Comme chaos de granit, passage d'un ancien et formidable glacier, elle va de pair avec la région de Gregonio.

Bayssellance se fait aussi le champion du lac Miguelou, à peine connu, très sauvage avec ses falaises granitiques à pic de tous côtés. Course à compléter par le panorama pris du pic d'Arrouy.

Quelque excellent que soit un livre pyrénéiste, il disparaît de la circulation après quelques années et ne peut espérer survivre à une génération. Un *guide*, comme une tactique, doit être renouvelé tous les dix ans ; c'est par les accessoires périssables, par les détails du moment, noms d'hôtels, etc. qu'il se démode.

Le livre de Moreau a fait son temps : voici maintenant, non seulement l'amoureux, mais le fanatique de la région des Eaux-Bonnes : celui dont on dira que le Pic d'Ossau est son Himalaya et qu'il l'a épousé. Il est grimpeur, chasseur invétéré, pêcheur, dessinateur, écrivain, naturaliste, entomogiste, botaniste ; rien ne lui échappe dans la montagne : ni la vue, ni le coup de fusil, ni la truite, ni la roche, ni les minéraux, ni le fossile, ni l'oiseau, ni le papillon, ni le serpent, ni l'anecdote. Formez un quadrilatère en joignant les quatre pointes du Ger, du Gabizos, du Balaïtous et du pic d'Ossau, là notre pyrénéiste est chez lui, dans sa propriété, dont il connait, dont il aime avec passion chaque hectomètre carré, dont il fait le parc de ses trois filles, vaillantes montagnardes qui l'accompagnent dans toutes ses courses.

Sous un pseudonyme, il publie :

Guide des Eaux-Bonnes, excursions à pied, par Jam. Pau, Lafon, in-8 de 174 pages (sans date). Que les temps sont changés ! Moreau n'osait pas conseiller des courses aux malades des Eaux-Bonnes, de peur de les exterminer. Aujourd'hui Jam écrit pour entraîner à l'ascension les jeunes gens, même les enfants. C'est une autre génération, autrement trempée !

Guide de Pau aux Eaux-Bonnes, suite des excursions à pied, par Jam, Pau, Vignancour 1869, in-8 de 294.

Gavarnie... Eaux-Bonnes, par Jam, Pau, Vignancour, 1869, brochure de 44 pages : (récit d'une excursion des Eaux-Bonnes à Gavarnie : montée à la Brèche avec Hippolyte et Henri Passet).

Guide des Eaux-Bonnes et des Eaux-Chaudes, excursions à pied, par Jam, deuxième édition. Pau, Lafon, in-8 de 307 pages (vers 1873).

Ici c'est le fin du fin en matière d'Eaux-Bonnes. Cinquante-trois courses, cynégéto-botanico-entomologo-ornithologo-orographiques, connues sur le bout du doigt, écrites avec un feu et une conviction extraordinaires. Par ce livre vous fouillez la montagne, vous apprenez le lexique topographique de la région dans ses détails, vous vous enivrez de la musique des noms méridionaux : *Pla-Ségouné, Batche de Houère, Turon daous Cristaous, las Quintettas, Peyrepioule, Clot-Ardoun, Arcisette, Anouilhas, Clot de Débatche, Pembécibé, Soussouéou, l'Artigue de Mous Cabarous, la Sagette braque de Magnabatch*, etc., noms bruyants qui donnent l'illusion de l'énorme. Le pic d'Ossau devient *Tres Serous*, et le grand Gabizos se prononce plein la bouche et splendidement *Ères-Taillades* ! Jam croit bien avoir la primeur de sa crête la plus difficile, lorsque tout-à-coup il y trouve un bout de cigarette ! Avec les guides du pays, nous nommons deux pics — le Scarput et le Sesques — de leurs noms familiers : *Monsieur Mondos* et *Madame Lespétouse.* Ah ! ces guides des Eaux-Bonnes et des Eaux-Chaudes, les voilà, dans ce livre plein de brio et de vie : le petit monde en veste rouge, des Lanusse, des Soustrade, des Biraben, des Casabonne. Et Orteig ! Le célèbre Orteig, (prononcez *Ortetch*) le marcheur Orteig, qui un jour, sur un pari, s'avise d'une course invraisemblable et demeurée fameuse : partir le matin des Eaux-Bonnes, muni d'un pot de peinture, aller inscrire son nom au sommet du pic de Ger ; de là, aller l'inscrire au sommet du pic d'Ossau ; de là, le soir, revenir à pied, à Pau ! C'est cet itinéraire, — peu suivi depuis ! — qu'on a appelé « le tour d'Orteig ». Il grandit singulièrement Orteig. Grandit-il les Pyrénées ?

En 1872, un article du *Bulletin Ramond* sur le pic d'Ossau nous donnera la vraie signature de Jam. Il s'appelle le comte Robert de Bouillé (né à Nevers en 1819, frère du général glorieusement tué à Patay). Nous le reverrons.

II

UN VILLAGE NORVÉGIEN AU LAC D'ORÉDON.

A Bagnères le 28 août 1869.

Constatons que le petit volume de Soutras, *Bagnères-de-Bigorre considérée sous le rapport historique et pittoresque,* in-18, de 183 pages, bien que datant de 1850,

s'y vend encore. Il y a là uu chapitre à lire, pour
l'enthousiasme naïf qu'il respire. « *Par une belle matinée
de juillet, trois piétons s'avançaient d'un pas leste et
dégagé sur la route de Campan. La blouse du touriste
flottait sur leurs épaules, le feutre gris protégeait leur
tête, et tous trois s'appuyaient sur ces longs bâtons de
chêne qui sont, pour les montagnards et les touristes,
comme une autre jambe ajoutée à celle dont la nature
les a gratifiés : l'un d'eux portait, bouclé sur les épaules,
un sac militaire....* » Tout ça, pour aller dans le vallon
de Rimoula. Mais que ces gens sont heureux, comme ils
jouissent du soleil, de l'ombre, des ruisseaux, des arbres,
du fond de montagnes et du déjeûner! « *Le soleil tombait
d'aplomb.... Notre repas terminé, nous allumâmes des
cigares, et mollement étendus sur le gazon, enveloppés
d'une atmosphère de fumée qui s'élevait lentement,
capricieusement, sur nos têtes, graves et muets comme
des hommes qui digèrent, nous nous mîmes à contempler
la sublime scène qui se déployait devant nous. Jamais
je n'ai mieux compris, mieux savouré le charme de
la solitude. L'azur profond et bleu s'arrondissait sur
nous comme un dôme, nul bruit dans l'espace, nulle
agitation dans l'air, nulle pensée inquiète dans nos
cœurs : partout l'imposante immobilité des choses
éternelles. Le lac miroitait à nos pieds, et, à peine ridé
par la brise, il nous renvoyait de vifs scintillements;
de grandes plaques de neige rayonnaient, étincelaient
de leurs ardents reflets. De temps à autre un mugisse-
ment lointain s'élevait du fond des pâturages, le cri
d'un pâtre nous arrivait des cimes : le torrent fouetté
par un souffle plus impétueux nous envoyait comme
une bouffée de bruit. Puis, voix et murmures, tout
s'éteignait; la montagne rentrait dans son repos
majestueux, et un austère et solennel silence s'étendait*

au loin sur l'immense solitude. On resterait des journées entières, sans volonté, sans désirs, devant de pareils spectacles.... » Morceau voluptueux ! charme de la montagne moyenne ensoleillée ! béatitude et demi-ivresse de l'organisme légèrement congestionné, après le déjeûner, par la lumière ardente ! Ce Soutras est ici ce qu'on appellerait aujourd'hui un « satisfait ».

Donc, le 28 août 1869, entrée à Bagnères d'une caravane d'ingénieurs et de guides qui viennent de passer cinq jours dans la région du pic Long, et des lacs d'Orédon, de Cap de Long, d'Aumar.

[Combien changé, depuis La Boulinière qui le célébra, voici un demi-siècle, ce val de Couplan ! A présent, pour monter au lac d'Orédon, une route de chars. Au lac même, un vaste chantier, pour la création d'une digue qui va surélever le niveau des eaux de quinze mètres et formera un immense réservoir. On améliorera ainsi le régime des rivières qui prennent source au plateau de Lannemazan. Et améliorera-t-on l'aspect de la montagne ?

On le transformera, cette fois-ci, de façon singulière, et au moindre mal possible. Pour les travaux il a fallu établir scierie, caserne d'ouvriers, magasin de vivres, cuisine, dortoir, ambulance, forge, four, bureau, écurie, étable. Le tout en bois. Et voici, en pleines Pyrénées, l'inattendu d'un village norvégien, au fond du *fiord* d'Orédon ! Il n'y manque même pas une marine : le bateau le *Néouvielle*.

Jadis le comte Orloff avait osé écrire de la Maladetta : « *considérable, mais inutile, elle semble être à la nature ce que sont à la société les parasites* » (!). Maintenant l'homme se met à « utiliser » la haute montagne : c'est lui désormais qui est le parasite, et la haute montagne ne se débarrassera plus de ce microbe. Germe fatal !...]

La joyeuse et facile tournée continue par le col d'Aubert,
Barèges, le pic du Midi. Peut-être les touristes voient-ils
sur la route, sans le connaître, quelque pyrénéiste débutant
destiné à une prochaine célébrité : Lequeutre, Wallon,
Schrader. Nous en étions tout à l'heure à l'entrée dans
Bagnères. Entrée originale! Tous ceux qui croisent la
caravane, « même les Anglais, gens difficiles à émouvoir »,
se tordent. Quant aux indigènes, « ils sont désopilants à
voir ». Ainsi parle gaiement un des touristes qui, dans le
Bulletin Ramond, raconte l'expédition avec entrain,
vivacité et rondeur militaire. C'est un militaire en effet,
qui s'est adjoint à trois ingénieurs, d'Ussel, Peslin, et
Michelier, chargé des travaux d'Orédon. Et c'est de ce
militaire qu'on rit si bien. Il a mis des bottes trop courtes,
il n'a pu monter au pic Long, il ne peut plus marcher;
il est juché, sans selle, sur une vieille ânesse, « avec
cela, une barbe de sept jours, fortement argentée! et un
grand bâton! » Médiocre fantassin! dit-il de lui-même.
C'est possible : il est général de cavalerie.

Ce montagnard d'apparence si médiocre sera bientôt un
pyrénéiste illustre.

Il vient de faire son sixième pic du Midi : et, *cette
scène étant de celles dont on ne se lasse jamais*, dit-il,
il se déclare *prêt à recommencer*.

Il dit bien, et il est prophète, ici, le général comte
Champion de Nansouty.

Encore un changement. Voyez ce bel album, en deux
parties, *Les Pyrénées*, *dessinées d'après nature et
lithographiées par Eugène Cicéri*, édité chez Lafont à
Luchon. Pendant quelque temps il va être le meilleur des
documents graphiques, il sera presque classique. Mais c'est
le chant de mort de la lithographie.

Désormais la photographie va régner. L'objectif fouillera

la montagne, et désormais les vues photographiques exposées aux étalages des villes d'eaux, défloreront pour le touriste tous les sites. La montagne devient comme un spectacle dont on a lu d'avance le compte rendu. Plus d'imprévu, plus de surprise, plus d'émotion : l'effet est escompté.

A cette vulgarisation à outrance, gagne-t-on au moins l'exactitude absolue ?

Pas toujours. Rien ne saurait parfois remplacer l'interprétation d'un artiste. La photographie ne peut rendre, par exemple, le mouvement des torrents et des cascades. Ce qu'elle n'exprime pas, surtout, c'est la hauteur des montagnes; elle tasse les sommets, les ramène à une dimension angulairement vraie, et pittoresquement fausse...

III

LES PLAISIRS DE LUCHON.

Depuis douze ans nous sommes sur les pics.

La nostalgie nous prend : des régions fréquentées, du bien-être, du plaisir, des cavalcades, des déjeuners au champagne, de la musique — ne fût-ce qu'une valse râclée devant les cafés — de la danse, de la causerie, du monde élégant qui pratique la montagne non à pied mais en landau; le seul monde vrai, au fond : c'est lui qui fait vivre les Pyrénées.

Pour mener cette existence à quatre chevaux, sous le premier Empire il nous eût suffi de rester à Bagnères. Sous le second il faut aller à Luchon. Qui nous y conduira ?

Des guides-ciceroni nous ne parlons pas. (*Atlas-Guide*

des Pyrénées, par Justin Jourdan, Paris, Dentu, livre de troisième main. — *Luchon-Guide,* de Daunic, in-18, simple vade-mecum, d'ailleurs enrichi de bons conseils hygiéniques pour les bains et courses, donnés par le docteur Ferras).

Prendrons-nous *Une voix des montagnes de Bagnères-de-Luchon, par Louis Ferrère* (Paris, Vivès; Toulouse, Ferrère, et Luchon, Lafont et Sarthe, 1869), in-12 de 407 pages? Ce livre ne manque pas d'un intérêt spécial. L'auteur, l'abbé Ferrère, est lui aussi, peut-on dire, un « satisfait ». Satisfait par piété : la montagne de Luchon est œuvre divine, donc parfaite, et le livre ne sera qu'un long acte de foi et un cantique d'actions de grâces. Mais satisfait aussi par esprit local : l'esprit indigène de la Haute-Garonne, l'esprit toulousain, qui n'admet rien à l'égal de Toulouse, *la ville sainte, la cité palladienne,* esprit résumé dans un chant, *la Toulousaine* de Deffès : *ô moum païs!* (ter) *ô Toulouso!* (bis). Or Luchon n'est-il pas une dépendance du Capitole? l'allée de Barcugnas, un faubourg de Toulouse? Donc, sans éprouver le besoin inutile de connaître autre chose et de comparer, l'auteur de la *Voix des montagnes* ne soupçonne rien de si admirable au monde que *l'architecture des maisons de Luchon;* il n'admet pas de plus grands administrateurs que les maires de Luchon — Boileau et Soulérat — après lesquels le fameux maire de l'Empire, Charles Tron, n'avait plus qu'à laisser marcher les choses toutes seules, *comme après Richelieu et Mazarin il ne fallait qu'un roi ordinaire pour jouir d'un règne splendide et mériter le nom de grand;* il ne conçoit rien de plus beau que les chants luchonnais :

> « J'ai vu Paris, de nos cités la reine,
> De ses palais j'admirai les grandeurs;
> Mais les beautés des rives de la Seine,
> N'ont pu trouver une place en mon cœur.

> Je me disais : ce serait un blasphème
> De comparer ces dômes à nos monts :
> Ici c'est l'homme, et là-bas c'est Dieu même.
> Non, sur la terre il n'est pas deux Luchons ».

(Ceci doit-il se chanter sur l'air de *Mon colonel tu dois être content?* ou sur celui de *la Corde sensible?*)

Il n'imagine aucune harmonie supérieure à la musique que, « dans cet Éden où rien ne manque à l'enivrement des sens », conduit Luigini, devant l'assemblée « la plus splendide du monde »; il ne voit rien de plus piquant que l'enlèvement des petites montgolfières, chaque soir; rien de plus attirant que ces réjouissances « inattendues », ces *extra* (sic) qu'à certains jours la ville offre à l'étranger.

Oh, ces *extra!* qui nous les fera connaître? L'abbé Ferrère lui-même y est impuissant, il manque d'éclat. Et puis, ce n'est pas un ecclésiastique qui peut nous faire vivre dans le Luchon des restaurants, des cafés et du baccarat!

Qui nous conduira brillamment et bruyamment dans le Luchon du second Empire?

C'est déjà trop qu'il nous manque le plus précieux des livres : le tableau de Luchon sous l'Empire.... romain. Supposez qu'il soit venu jusqu'à nous *Une saison aux Thermes Onésiens sous Septime-Sévère*, par quelque Apulée : quel intérêt !

Si nous n'avons pas la description de Luchon au plus haut, nous avons, il est vrai, celle de Luchon au plus bas, sous Louis XIV. Un inspecteur général des forêts, M. de Froidour, envoyé par Colbert pour arrêter les dévastations, (ses lettres ont été publiées en 1899, par M. de Casteran, sous le titre *les Pyrénées centrales au XVIIe siècle*) vit en 1667 *Baynières,* sa fontaine très chaude sortant d'une petite grotte, descendant dans un bain de six pieds carrés accommodé avec des planches et où l'on pouvait s'asseoir ; *bain excellent et aussi souverain que pas un, mais peu fréquenté à cause de la misère du lieu, de la rusticité des habitants, et du peu de commodités :* seulement une espèce de grange avec des petites chambrettes à lucarnes, et à l'entrée un « petit lieu avec une cheminée pour chauffer le linge ». Puis la « merveille » : un rocher de huit pieds de long, d'où sortaient quatre eaux différentes, une claire et froide, une chaude laissant « de la crasse *blanche* », une autre à dépôt *jaune*, et une autre à dépôt *vert* (altérations diverses d'une même eau sulfureuse).

Rudiment de thermes. Embryon de Luchon !

Cent ans après, d'Étigny vient.

Et cent ans après ?

IV

STÉPHEN LIÉGEARD.

« J'ai quitté ce matin, Bigorre. Moyennant la somme ronde de quatre-vingts francs, une calèche attelée de chevaux vigoureux m'amène à Luchon par la montagne. C'est assurément l'une des plus belles courses des Pyrénées.... Je roule, depuis longtemps déjà, sur les routes poudreuses de l'Arboust. Le soleil commence à abandonner les crêtes secondaires pour n'éclairer plus que les hauts sommets. J'arrive à l'un des derniers coudes de la route, et, de la croix de la Saunère, Bagnères-de-Luchon m'apparaît se dérobant à demi, telle qu'une coquette sous un voile de vapeurs bleuâtres. Quelle charmante vision ! Les yeux fatigués de poudre et de lumière se reposent avec délice sur les prairies.

Les longues bandes de peupliers qui se coupent à angles droits semblent enserrer dans leurs bras verts de mystérieuses oasis, pleines de promesses. La ville est là.... Au pied des hautes montagnes qui forment arrière-plan et que dominent le Poujastou et Couradilles, je reconnais Montauban et sa cascade, je retrouve Saint-Mamet et son église. Mais les chevaux, que sollicite le foin odorant du râtelier, ne me laissent pas longtemps à la contemplation. Ils bondissent, comme la Pique dont l'eau bouillonne au-dessous de nous, franchissent au galop le pont de Mousquères, dévorent d'un élan l'allée des Soupirs. Voici les premières maisons de Luchon. Cinq minutes plus tard, je roule dans l'allée d'Étigny, aspirant à pleins poumons les vagues senteurs de ses tilleuls. C'est la sixième année que j'y reviens, ce ne sera pas la dernière. Je ne sais quel invisible aimant se cache aux veines des rocs voisins, qui attire l'étranger, et, le tenant une fois, ne lui permet plus de s'éloigner. Le jour finit, les ombres descendent. Déjà les cafés s'allument et brillent de mille feux. C'est l'heure du souper. Par les fenêtres entr'ouvertes j'aperçois des tables richement servies, des couverts joyeusement fêtés. Seuls quelques groupes de guides font cercle au milieu de l'allée, devisant des projets du lendemain. Plusieurs me reconnaissent : je reçois et je rends un salut cordial. Enfin les chevaux s'arrêtent devant la grille d'une élégante villa. Mme Fabre, sa propriétaire, accourt me serrer la main, en amie d'ancienne date. L'appartement accoutumé m'attend. Qu'il soit le bienvenu avec son divan moelleux et l'éclatante blancheur de son lit! L'admiration à jet continu m'a presque autant éprouvé que mes douze heures de route. Je soupe, je me couche et je dors consciencieusement jusqu'au matin.... »

Vraie et typique, cette entrée dans Luchon !

Et le lendemain au réveil, la première promenade, le fameux quadrilatère d'allées, le tour de la Pique : l'hôtel Bonnemaison, les Thermes, la rue d'Espagne, l'allée des Bains, la haie des boutiques en plein vent, les naturalistes préparateurs, les modistes et les marchands de cannes ferrées, le *grand bazar Vidis*, la *Photographie luchonnaise*, la chute de la Pique, l'allée des veuves, discrète, bordée de chalets chers aux « hétaïres », la laiterie, la villa Bertin où vient d'habiter le prince impérial dans un séjour resté sensationnel; l'allée de Piqué, le *Casino des Chasseurs*, tenu par « le grand Sapène »; l'allée d'Étigny enfin, où passent des Aragonais la balle au dos; l'allée d'Étigny qui rend la belle humeur: « Plus que jamais les magasins étalent leurs séductions sous les ramures des tilleuls antiques. Partout restaurants et cafés invitent joyeusement à s'asseoir : c'est l'heure des déjeuners. Dedans, dehors, les tables regorgent de friands à vestons blancs et à chapeaux marins, en train de déguster le cèpe à la bordelaise ou de savourer la chair saumonée de la petite truite des lacs. A quel maître queux donner la préférence? L'embarras du choix seul existe. L'hôtel d'Angleterre, le Parc, Sacaron, Esquié, les Bains, le Louvre, Bonnemaison se disputent l'honneur de vous indigérer. Mais à mon humble avis, la palme reste à Arnative ».

Ah! comme c'est ça! Et que nous voilà au plein du sujet! Le café Arnative, le cœur des Pyrénées dans le troisième tiers du dix-neuvième siècle. Arnative! une des grandes sommités pyrénéennes, bien autrement importante et célèbre que le Quairat ou la Tusse de Maupas! Arnative, « un type, singulier mélange de jovialité gasconne et d'urbanité parisienne. *Il complète par sa présence le charme de ces vallées. Je ne comprendrais pas Luchon sans Arnative. On reproche bien à ses confortables salons d'abriter, deçi delà, certaines beautés*

à vertu non moins chatoyante que la chevelure :
Hortense Schneider, plus connue ici sous le nom de son
grand-duché de Gérolstein, y prend régulièrement ses
repas, et Caroline Hassé, la vivante statue, ne dédaigne
pas de descendre de son piédestal pour aller y savourer
un bischof. A quoi Arnative répond qu'il n'est pas
M. de Montyon.... Vrai Tortoni croisé de Bignon, il
offre aux friands les merveilles culinaires de son chef
Lassus, aux dames la neige parfumée de ses sorbets,
aux joueurs les émotions d'un baccarat qui se taille du
soir à l'aurore, à tous enfin, le sourire avenant de ses
blondes filles.... »

Après le déjeuner, vient le moment de la grande
agitation : départ des cavaliers et équipages pour les
excursions moyennes ou la simple promenade.

Quant au baigneur insoucieux des courses, il fait toilette
pour la musique de quatre heures, dirigée par Luigini, aux
Quinconces devant les Thermes. « C'est à cette musique
de quatre heures, que se livrent les *steeple-chases* d'élé-
gances » : alors la coquetterie des filles d'Ève, toutes voiles
dehors, se donne carrière autour des flots transparents
du petit lac.... » Monde et demi-monde.

« Certain compagnon des bons jours, retrouvé entre
l'ouverture de la *Muette* et une valse de Strauss, m'emmène
chez Sacaron. La cuisine y est bonne, le vin chaleureux,
l'eau à la glace : nous dînons très confortablement dans
une cour ombragée de lauriers-roses, à la face des
montagnes qui nous contemplent. Une amitié renouée au
potage, une bouteille de Perrier *carte blanche* qu'on
décoiffe à l'entremets, n'est-ce pas de quoi vous mettre en
joie? Aussi bien n'engendrons-nous point la mélancolie.
Venus de la musique, nous retournons à la musique ».

Et nous voici à la musique du soir, encore devant les
Thermes. Tous les dix ou quinze jours, le concert est

qualifié *grande fête musicale :* alors les chaises se paient cinquante centimes. « N'oublions pas le ballon de papier peint qu'un pauvre diable fait élever chaque soir, après collecte ». De loin en loin, feu d'artifice. Ou bien, passage à Luchon du petit prestidigitateur, — pardon ! du *comman-deur* — Cazeneuve : il n'est point désagréable de lui voir piquer des épingles dans les épaules de son *sujet*, la belle Alice.

Mais « le piston a lancé sa dernière note. La foule redescend les allées d'Etigny, car dix heures ont sonné. Je m'asseois sous les arbres, à une des tables d'Arnative ; j'y savoure un granite au limon ; puis je regagne mon gîte, fort satisfait de cette journée ».

Satisfait ! certes. Et le nom de ce satisfait, de cet archi-satisfait, qui fixe en tableaux si vifs le Luchon de l'Empire ? Stéphen Liégeard, bourguignon (ah ! tout s'explique !), député impérialiste au Corps législatif, venu à Luchon une fois, n'ayant plus eu qu'une idée : y revenir, et revenu tous les ans ; type de l'homme du Nord devenu l'habitué de Luchon, connaissant la montagne de Lézat « dans les coins », les amusements et distractions « dans les bons coins » ; écrivain en prose et en vers, et même « mainteneur » des Jeux Floraux de Toulouse qui lui ont couronné plusieurs pièces. D'abord *la Vierge du lac Vert:* ce lac « inconnu », lui est devenu cher entre tous. « L'Académie des Jeux Floraux l'a fait mien », assure-t-il. Cependant, moins heureux que son collègue et ami, le député-maire, Tron, qui donnait son petit nom au *lac Charles,* Liégeard n'a pas trouvé de Boubée pour baptiser le lac vert *lac Stéphen.*

Puis, au Capitole toulousain, le « Souci d'argent » a récompensé l'*Ode aux Monts-Maudits :*

> « Du fond des noirs ravins où l'Espagne commence
> Se dresse un mont sauvage, éblouissant, immense,

> Qu'en un jour de colère Encelade apporta,
> Quand les Titans, aux cieux voulant livrer bataille
> Cherchaient, pour y gravir, des degrés à leur taille :
>   C'est la Maladetta.
>
> Vierge maudite! Spectre aux mamelles arides!
> Le bras d'un Dieu vengeur creusa d'ardentes rides
> A travers le granit de son flanc criminel... »

« *L'exactitude descriptive est le premier mérite de ces vers* », remarque l'auteur : « *la prose ne serre pas de plus près la réalité* ».

Enfin, dans ces pièces poétiques, réunies plus tard en un volume : *le Verger d'Isaure* (Hachette, 1870), un morceau de bravoure humoristique : *Les Plaisirs de Luchon* (couronné aux Jeux Floraux) :

> « Eh bien oui, cher ami, j'arrive de Luchon.
> Comme un flacon d'Aï libre de son bouchon
> Mon escarcelle à sec rend des notes plaintives,
> Et mes goussets ont pris des airs de sensitives.
> Mais riche outre mesure en souvenirs joyeux,
> Je revis par l'esprit ayant vécu des yeux.... »

Ensuite vint *Une Visite aux Monts-Maudits*, « la page en attendant le volume ».

Et définitivement, après la saison de 1872, trouvant Nérée trop naïf, Russell trop elliptique, Daunic trop court et Lambron trop long, il imagine de composer un guide, avec indication de courses à difficultés graduées, narrations, descriptions, anecdotes, sel gaulois; excitant, non décourageant. Il publie :

Stéphen Liégeard. Vingt journées d'un touriste au pays de Luchon. Paris, Hachette, 1874, in-12 de 556 pages.

Un des plus curieux livres du pyrénéisme.

A le juger sur le moment, on aurait pu dire : trop de politique! trop d'anecdotes! Quoi, reprocher à Lambron ses mille pages *dont six cents de préliminaires* et en donner cinq cent cinquante, dont trois cents de hors-d'œuvre !...

Le temps ayant passé, les défauts du livre sont ses qualités. La peinture de Luchon de 1866 à 1872 est saisissante. C'est bien là le pyrénéisme de restaurant, de café, de cavalcades, de voitures. Livre très vivant, avec ses mille détails du moment. Liégeard sait toutes les nouvelles : quelle est la jeune et belle veuve qui possède la villa Diana « aux balcons aériens, d'où l'amateur au gousset sonore jouira d'un enchantement perpétuel à raison de cent francs par jour », et se fait construire un castel à tourelles de pierre (le *Château-Champsaurel*) ; comment l'abbé Rouquette a fondé une institution charitable dans les bâtiments qui, jadis, furent la fabrique de cobalt du comte de Beust ; quel quatrain salé le procureur général Léo Dupré a improvisé à la maréchale Niel, sur ces bouts rimés : *clairon, moutarde, pantalon, outarde*. Il connaît Lézat, Lambron, le docteur Fontan ami du beau sexe ; il connaît le sémillant baron de Nervo, un jeune homme de soixante-dix ans qui a encore un quart de siècle à vivre ; il connaît la baronne Alphonse de R...., et Mme Valentine P.... et Mlle Olga de L...., et la belle Mme de G...., fille de Mme Fabre, et aussi Emma V.... et l'écuyère Constance, etc., etc. Ses lecteurs, sur le moment, mettaient les noms et connaissaient les personnages. Mais le temps passe, et pour la génération actuelle, le livre de Liégeard est déjà devenu un livre « à clef ».

Nous avons eu, avec le comte de Marcellus, le livre de pyrénéisme légitimiste. Le livre de pyrénéisme bonapartiste est nécessaire dans la série. Liégeard nous le donne. Après les événements de 1870, il est resté fidèle au régime qu'il a servi. Mais il n'est pas en deuil. En 1871-72 on n'est pas triste. On revit, on fait de la politique, chacun attend le retour du Gouvernement de ses rêves ; retour imminent :

la République n'en ayant pas pour six mois. Liégeard a pour le républicain un dédain absolu, (sans en excepter l'ancien écrivain pyrénéiste devenu Président de la République. Et M. Thiers — c'est lui! — ne l'a pas volé, pour avoir dit à son ami Charmes cette énormité : *les Alpes, voilà des montagnes, les Pyrénées me font l'effet de tumeurs !*) dédain qu'il emporte avec lui en excursion : il catéchise les jeunes pâtres : — *Connais-tu Gambetta?* — Non, Monsieur. Et il leur démontre que c'est un mauvais berger. Il est plein de joie, lorsque Lemercier de Neuville arrive avec ses *pupazzi* dans lesquels se trouve l'avocat *Cyclopard*. Un aigle passant au-dessus d'un pic lui présage du prochain retour du Prince Impérial : (ô vanité des prédictions !)

Plein d'entrain, portant beau, aimant la piaffe, trouvant qu'à Luchon, en 1872, « il fait bon vivre », même si les feux d'artifice républicains sont mouillés par la pluie, ce qui n'arrivait pas sous l'Empire; ayant de l'esprit, et ne dédaignant pas d'en chercher davantage; se citant volontiers lui-même. Et du panache, énormément de panache. A lui, la perle de l'écurie de Redonnet, et le fouet enrubanné, à lui les galops à travers les villages (!), à lui les calèches faisant tourbillons de poussière, et payées avec des *napoléons d'or*, à lui l'éclat des pourboires sonores ! à lui les tirs au pistolet sur le sommet de Sauvegarde, à lui la messe du *high-life*, à lui les *cheveux d'ange* (confiture de carotte et citron) confectionnés par l'hôtelière de Saint-Béat, il en donne la recette avec amour; à lui les garbures de l'auberge des *Délices du Lys*, tenue par la famille Bernard Lafont, à lui les déjeuners au port de Vénasque :

> « Et vite les pâtés, les fruits et le champagne!
> Car le souffle embaumé qui leur vient de l'Espagne
> Rappelle au plus actif, comme au moins diligent,
> Que si la gloire est d'or, l'appétit est d'argent ».

A lui les vins d'Espagne, le « pacaret merveilleux », des dîners du collègue Tron. A lui le bourgogne, son propre bourgogne, le bourgogne de son crû, qu'il apporte avec lui à Luchon! Part-il pour le Néthou? Il opère d'abord une descente chez Arnative, « au fond des laboratoires les plus mystérieux » et en extrait « quatre poulets, deux jambonneaux, un saucisson, un gigot de mouton, un filet de bœuf, huit côtelettes, une belle tranche de veau, une douzaine de pains, quelques bouteilles de bordeaux, deux flacons de frontignan. » Il n'oublie « ni le café qui active la digestion, ni la fine champagne qui précipite le café. D'ailleurs, il a « mis en réserve, sous verre double, certain compatriote de la côte de Nuits » venu en droite ligne avec lui de Bourgogne. « Une ample gourde remplie d'anisette Brizard, tempérera en chemin la crudité des sources ». Ainsi parti en bon bourguignon, arrivé au sommet, il notera sur le livre, en bon impérialiste.

> « Si j'ai quitté le val, les prés verts, l'or des seigles,
> Pour affronter l'horreur de ce superbe mont,
> C'est que j'étais bien sûr, au séjour des grands aigles,
> De ne trouver ni Ranc, ni Trochu, ni Simon ».

Au total le vrai peintre du pyrénéisme de plaisir.

Tableau de Luchon à son point culminant d'élégance : les sources du dieu Lixon reçoivent douze mille visiteurs par an : (depuis on a en plus, mais pas mieux. Et surtout, c'est sans conteste, le plus grand moment de l'allée d'Etigny.) Ces douze mille visiteurs c'est le chemin de fer qui les dépose à Luchon même, car à présent LE CHEMIN DE FER PÉNÈTRE AU CŒUR DES PYRÉNÉES. Un tiers, des « Parisiens », (sous ce nom les Luchonnais englobent tous les clients qui paient le plein tarif des prix de première classe, fussent-ils Russes ou Brésiliens), et deux tiers la « volaille », (gens économes venant pour les prix réduits d'arrière-saison : généralement, des méridionaux des départements voisins amenant souvent leur cuisinière : les Luchonnais les peignent d'un trait méprisant : *ils se promènent en voiture avé la bonne !*

À propos : Liégeard est-il montagnard ? — Il a fait toutes les courses, y compris la *Tusse de Montarqué*, comprises dans le plan de Lézat. En quoi il est bien d'un temps : en dehors des montagnes de Lézat, rien. Il ne conseille même pas d'aller à Vénasque. Mais il connaît de nom la vallée de Malibierne, à présent fréquentée, et où le naturaliste-préparateur Fourcade va herboriser. — Mais est-il montagnard? — Il a fait le Perdighère, avec Michot, et d'une seule traite, en vingt-deux heures : ainsi agissent les occasionnels qui n'ont pas peur d'une courbature, mais qui ne tiennent pas à moisir indéfiniment dans des souliers cloutés, et qui ont peur du gîte pyrénéen, de la cabane à puces et du lit empunaisé. — Est-il montagnard? — Il n'en a pas le ton. Son ascension au Néthou, est dramatisée hors de proportion. On dirait le treizième travail d'Hercule. Dangers à tous les pas, et spectre de Barrau. C'est bien le Néthou de ceux que le Néthou fatigue, mais ce n'est pas le Néthou du montagnard.

Liégeard ne ferait pas le Balaïtous. Il nous le déclare lui-même : ce qu'il en a entendu dire fait dresser les cheveux sur la tête : un touriste (Marmontel) vient de manquer s'y tuer : voilà un pic qui paraît peu recommandable !

Il y a quelqu'un dont Liégeard est obsédé : quelqu'un qu'il ne connaît pas et n'a jamais vu : le célèbre comte Russell. Il voudrait parler de lui, et ne sait sur quel ton. Il l'appelle *sir Russel* (!), ou *le noble comte*, ou *l'impavidus*, ou familièrement *Killough* ; il le confond avec son frère et le qualifie d'officier au service du Pape ;

il badine, il se risque à lui appliquer un portrait d'Anglais quelconque, extrait des *Plaisirs de Luchon* :

> « Ce n'est point pour courir sus au lépidoptère
> Que ce fils *un peu roux* de la blonde *Angleterre*,
> Sac au dos, pique en main, précipite ses pas,
> ... Dans sa marche prodigue
> Il passe, allant toujours *et n'arrivant jamais.*
> ... Non, c'est un *fanfaron*
> *Aux sublimes beautés modérément sensible*
> *Qui de son agenda veut rayer l'impossible....*
> *Que le site d'ailleurs soit magnifique ou laid*
> *Il n'importe....* »

Or, le comte Henry Russell n'est pas roux (c'est une couleur qu'il déteste), il est fils de France et de la verte Irlande, il arrive toujours, il est extrêmement sensible aux sublimes beautés, il a pour principe de ne pas foncer sur l'obstacle uniquement pour rayer l'impossible, et bien qu'il ne soit pas des Jeux Floraux, il exprime comme personne la poésie des sites !...

V

LES PYRÉNÉES POUR TOUS. — BERTALL.

Voulez-vous le voir, le comte Russell ? non pas seulement dépeint, mais dessiné sur le vif ? Lui, et le baron de Nervo, et d'autres notables figures de pyrénéisants, et le célèbre *Alternative* (Arnative), et le guide Lanusse, et Tarrieu, le tambour de ville de Cauterets célèbre par ses *speaches ;* et les jeux ossalois, et l'exercice du gargarisme par dessus le parapet de la Raillère (une, deux : tout au Gave !), et la fameuse pulvérisation des thermes de Luchon, et les petites tables de la cour de Sacaron, etc ?

Prenez *la Vie hors de chez soi, études au crayon et à la plume,* par Bertall ; volume grand in-8 de 667 pages,

illustré (troisième partie de *la Comédie de notre temps*,
1874-1876).

Texte sans grande consistance, dessins sans accent; et
cependant document qui restera infiniment précieux. Il
constate — appliqué notamment aux Pyrénées — le
changement le plus inouï qui se soit effectué dans l'espèce
humaine depuis sa création. L'homme, subitement, vient
d'avoir des ailes! Non qu'il lui en soit poussé spontanément
sous l'empire de nécessités nouvelles, comme l'auraient
tant voulu les darwinistes. Mais, par la vapeur, il s'est
donné la faculté de faire quatre-vingts kilomètres à l'heure.
Il est plus facile maintenant de venir de Saint-Pétersbourg
à Biarritz que jadis à la reine Marguerite de se transporter
de Pau à Cauterets ! Dès lors des habitudes nouvelles
d'oiseau migrateur : l'homme-hirondelle. Il fait froid?
vite, volons au pays du soleil. Il fait chaud? vite, fuyons
vers la fraîcheur. Bientôt, c'est l'exagération maladive :
l'instabilité inquiète, neurasthénique : l'homme ne peut
plus tenir en place. L'hiver : Nice, Monte-Carlo (tir aux
pigeons), Pau (chasse au renard, polo); au printemps : la
plus belle des « stations », Paris (pour les courses); juillet :
la mer; août : les Pyrénées; septembre : Biarritz ! Partout,
pour le recevoir, des hôtels immenses, luxueux — l'hôtel
Gassion à Pau. — Partout les Anglais ont apporté — pour
ceux qui peuvent payer au moins deux louis par personne
et par jour — le confort et la propreté, et aussi l'uniformité
et l'ennui. Partout même hospitalité somptueuse, même
cuisine lavée, même service solennel, même existence
somptueuse et fade — comme ces « pommes à l'eau »
accompagnant le rostbeaf au four servi par des maîtres
d'hôtel en habit noir, anglo-germano-italo-suisses, qui
parlent quatre langues (l'idéal de ce qu'on appelle aujour-
d'hui « l'enseignement moderne ») et à eux tous ne valent
pas un vrai garçon de restaurant parisien.

Voici donc les Pyrénées au commencement de la troisième République, sous le principat du maréchal de Mac-Mahon. Les chemins de fer amènent un monde décuplé; et non plus seulement ceux qui ont le temps, mais surtout ceux qui ne l'ont pas : hommes d'affaires ou de travail, prélevant à peine trente jours pour restaurer leur santé, passer dans leurs propriétés, assister au conseil général, ou ouvrir la chasse. Part faite au traitement : vingt et un jours. Pas même! quinze; en mettant les derniers jours double douche. Si l'on osait, on ferait la saison d'un coup : vingt et une douches de suite et un seul bain de vingt et une heures. Et pour ce peu de temps, il faut accumuler des plaisirs ininterrompus, jour et nuit, pas un instant de répit : qu'à la musique succède le théâtre, et au théâtre le *bac*; supposez cinq minutes d'arrêt et le baigneur s'effondrerait d'ennui. La montagne? ne lui en parlez pas! D'ailleurs pour qu'elle ait toute sa grandeur, il faut la voir d'en bas; « à mesure que je monte, je la diminue; arrivé en haut, je la supprime. — Tandis que pour un franc, je m'installe devant le travail d'un brave ingénieur qui s'appelle Lézat, et qui a consacré quinze années de sa vie à reproduire en liège et en papier mâché la partie des Pyrénées où sont les stations de bains, et j'éprouve la même satisfaction qu'en grimpant sur le modèle. J'en vois même davantage à la fois. Et j'économise les brumes, et les refroidissements ».

Qui est en « papier mâché » ici? le plan, où le jeune « gommeux » impuissant dont Bertall relève le propos?

Bertall a merveilleusement saisi ce monde pour qui la montagne, c'est la musique jouant *Madame Angot*, *Orphée aux Enfers, Giroflé-Girofla*, la marche de *Faust*, c'est Judic ou Théo qui viennent d'arriver, c'est le programme des courses. Bref la tendance des Pyrénées à devenir un joujou monté, où rien ne manque, pas même les imprimeries, déversant sur les baigneurs une nouvelle littérature, hebdomadaire, où reviennent tous les dimanches, dans des *Avenir de Luchon* et des *Cauterets-thermal*, les mêmes fadeurs sur la vallée du Lys et la vallée de Lutour. La littérature pyrénéiste à répétition !

Quelques tableaux de *la Vie hors de chez soi*, touchés d'un trait léger, sont à rapprocher de ceux qu'ont tracés les précurseurs, les Voisenon, les Berlin, les Saint-Amans, les Joudou, les Moreau ! — Aux Eaux-Bonnes, (*Diou bibant !*) « ce qui frappe les yeux, c'est la quantité de prêtres et de moines suivant la queue qui conduit à la buvette. Les robes noires, ou brunes, ou blanches, frôlent sans effroi les robes bleues, ou roses, semées de volants, de dentelles et de guipures, agrémentées de torsades, de bijoux et de cuirasses, et l'on arrive à voir, sans aucun étonnement, à côté d'un avocat radical, un dominicain flanqué d'un ténor, prenant résolument la file à côté d'une actrice égrillarde du boulevard, et d'un bon gros abbé, tranquillement pressé entre deux cocottes ». C'est le ton de Lemierre et de Saint-Amans : au fond, ce sont toujours les mêmes éléments : c'est de l'excellent Carle Vernet. A Luchon, « au concert de quatre heures, des femmes de tout genre et de toute espèce. Les petites dames ne manquent pas plus que les grandes, seulement elles se dissimulent un peu plus qu'à Paris. On n'écoute pas ce qu'on joue, la musique est un prétexte pour soutenir la conversation. Amusant au possible, l'air effaré de tous ces braves gens, qui passent leur vie à combiner des excursions dans la montagne. Au petit casino de l'allée d'Étigny, hier soir, un coup de quatre mille louis. Au Portillon, gagné trente-cinq louis sur un numéro plein, à la roulette ».

Ce que Bertall a plaisamment saisi, c'est la rivalité de Cauterets et de Luchon, et la caractéristique des deux tempéraments locaux. Luchon se plaignant volontiers et

trouvant que la saison n'est jamais satisfaisante. Cauterets,
qui au fond se sait bien moins amusant que la « reine des
Pyrénées », ayant pour principe invariable de faire bonne
contenance, d'être toujours satisfait. A entendre Cauterets,
Cauterets regorge. Tandis qu'*on dit que Luchon est triste
et qu'il n'y a personne. Les Eaux-Bonnes c'est navrant.
Suivant leur habitude, les Eaux-Chaudes c'est un égout,
Barèges un cimetière, Saint-Sauveur un trou, Bagnères-
de-Bigorre un enterrement de première classe. Il n'y a
que Cauterets. Sans compter que trois médecins, venus
de Paris, ont dit que les eaux de Cauterets sont seules
efficaces, et l'on ne guérit qu'à Cauterets.*

Cauterets n'a-t-il pas le duc de Nemours? Mais Luchon
a le duc de Parme.

Cauterets n'a-t-il pas un vrai casino? Luchon n'a pas de
casino. Il en veut un. Stéphen Liégeard nous indique même
de vagues spéculations qui, dès 1872, tendent à faire établir
ce casino dans une situation excentrique, au bord de la
Pique. Quoi? loin des Thermes, loin de l'allée? Décentrer
Luchon? Risquer le tout pour le tout : défaire l'œuvre de
d'Étigny? C'est invraisemblable : ce serait fou....

Ouvrez maintenant *la Vie hors de chez soi* à la page 251,
et regardez ce petit portrait-charge : *le plus grand
marcheur du monde; sir Henri Russell Killow-Mètre.*
C'est lui! ressemblant, et bien reconnaissable à sa très
longue barbiche en impériale.

Si nous allions le retrouver, lui et les hommes de
montagne? Aussi bien n'êtes-vous pas las de la musique
et du restaurant? et du baccarat? et des montagnards
de casino? et des réjouissances de villes d'eaux, même
des retraites de guides luchonnais, avec accompagnement
de torches de résine et de *cliquetis* de fouets? Si nous

remontions ? Notre séjour au milieu du monde des établissements balnéaires a été l'équivalent du « divertisse-ment » dans un opéra. Mais — tel Faust au milieu de l'orgie de Walpurgis — on finit par ne plus prêter à toute cette vie joyeuse qu'un œil distrait et préoccupé, l'esprit est ailleurs. La nostalgie de la montagne vous vient. Comme au théâtre après la danse, l'action doit reprendre.....

Coup de sifflet du machiniste. Changement de décor. L'action reprend, la découverte des Pyrénées : même avec intérêt culminant.

En Aragon, Messieurs!

Le spectacle d'ailleurs est remarquablement réglé, par entrées » successives.

LEQUEUTRE

I

TRENTE LIGNES DE MICHELET.
LA REVANCHE DU MONT-PERDU.

Dix ans après la tournée de Tonnellé en Aragon, trois ans après la Cotieilla de Russell, paraît *la Montagne* de Michelet, 1868. Livre étrange et mêlé, allant de banalités scientifiques reprises en style sybillin, à la botanique érotique et au « progrès des fleurs alpines dans l'amour ». A travers ce chaos, des éclairs.

Michelet a eu contact avec les Pyrénées. Il est venu à Gavarnie (même il se souvient d'y avoir pris, à l'hôtel, du café non mêlé, pur : signe d'honnèteté; ce qui ne lui est arrivé que deux fois dans sa vie, la seconde à Samaden, dans l'Engadine).

Michelet a lu Ramond.

Il ne se perd pas à précipiter comme Hugo une avalanche de mots écrasants. Avec son don de divination, sa faculté d'exprimer d'un trait la moelle d'un document, il donne aux Pyrénées trois cents lignes. Trente sont célèbres et disent tout :

» Les Pyrénées, filles du feu, n'ont pas la jeunesse des

Alpes, n'ont pas leurs abondantes eaux. Elles sont riches
de métaux, de marbres, d'eaux chaudes, vivantes, vivifiantes.
Elles sont riches surtout de lumière.

» Leur mur redoutable, austère, ininterrompu, est la
barre entre l'Europe et l'Afrique, cette Afrique qu'on
nomme Espagne. Divorce absolu, tranché, que nulle
gradation ne prépare.... Si, parti de Toulouse, par dessus
les Pyrénées, vous touchez à Saragosse, vous avez franchi
un monde.

» Avec des pics moins élevés, dans leur continuité elles
sont plus hautes que les Alpes.... (Les ports, les prétendus
passages qui, dit-on, ouvrent le grand mur, sont d'effroyables
casse-cou, où six mois de l'année ni le mulet, ni l'homme
ne se hasarderaient).... Moins compliquées, elles imposent
par leur simplicité grandiose et de style sublime....

» Leur sublime est dans la lumière, dans les ardentes
couleurs, dans les éclairs fantastiques, dont les couronne
à toute heure ce monde âpre du Midi qu'elles cachent, qu'on
voudrait voir. Là il faut bien avouer que les Alpes cèdent
et pâlissent.

» Les verts d'eau si singuliers de leurs gaves, certaines
prairies d'émeraude en contraste avec leurs ruines, le
marbre vert, le marbre rouge qui perce à travers le noir
rocher, tout cela est fort à part.

» Un miracle incessamment se fait voir à leur sommet,
une transfiguration constante, dans un certain léger
bleuâtre, dans un inexprimable rosé qui passe entre l'aube
et l'aurore, dans la pourpre, dans les ors, dans les flammes
du soir. Cela varie selon l'heure.

» Que de songes du passé, d'imaginations, de chimères,
suspendus à cette barrière d'un monde, à l'inconnu
d'au delà. Les *châteaux en Espagne* flottent déjà sur les
Pyrénées....

» Fantastique beauté des Pyrénées, ces sites étranges,

incompatibles, réunis par une inexplicable féerie, et cette atmosphère magique qui tour à tour rapproche, éloigne les objets....

» Éloquent Ramond, l'amant du Monde-Perdu, que si longtemps il poursuivit!... »

Tout est là : antiquité des Pyrénées imposant le respect (« *nulle part autant on ne se sent en rapport avec l'âme de la Terre* »), beauté par la lumière et la couleur, contraste inouï des deux versants, et, par la lecture d'une page de Ramond, prescience d'une nature étrange et merveilleuse cachée derrière le Mont-Perdu! *Les Pyrénées séparent l'Europe de l'Afrique*! quand Ramond expliquait l'attrait des monts de premier ordre : *le plus de climats dans le moindre temps*, lui-même ne savait pas dire si vrai; il visait le passage rapide des régions tempérées au pôle. Mais le passage instantané du pôle à l'Afrique! Car nul besoin d'aller de Toulouse à Saragosse, même de Gavarnie à Torla; vingt mètres suffisent : passer un port, franchir la Brèche. De l'autre côté, le mirage merveilleux de l'Espagne; sollicitation souveraine, plus puissante même que celle de l'Italie! Prestige de l'inconnu, du lointain se révélant au Midi de la frontière, dans l'éclairage vibrant du soleil à revers!

De la découverte du *monde perdu*, du Midi *qu'on voudrait voir*, Russell aura sa part éclatante. Mais Russell seul n'y suffit plus : il ne sait pas descendre (il n'ira jamais à Fanlo); — sauvage qui a son sybaritisme, il a trop souffert dans sa campagne d'Espagne en 1865; — et il est poète.

Pour déchiffrer les Pyrénées espagnoles il faut s'éloigner des grands sommets de la frontière, venir aux demi-sommets, être homme de vallées, surtout de gorges, de *gargantas*; homme de *barrancos*.

Le courage brillant n'est pas tout : risquer une chute pour un pic qui, d'ailleurs, rapporte la gloire ; courage échauffé du soldat à l'assaut. Ce qu'il va falloir c'est la résignation à froid, les vertus militaires ; c'est Russell même qui le dit : « fatigues, privations, obstacles de toute espèce à vaincre ; la soif, la faim, toutes les températures et tous les temps, l'huile espagnole, *et bien d'autres choses encore....*, il faut tout endurer et tout braver. »

Enfin il faut des hommes prosaïques, positifs, scientifiques, rédacteurs de guides, topographes. Et voici que de Paris, Toulouse, Bordeaux, ces hommes arrivent, et bientôt d'autres.

Il fallait des calculateurs, eût dit Beaumarchais. Il vint un employé du ministère, un docteur en droit, et un jeune homme dans le commerce.

Le merveilleux, c'est qu'ils firent absolument l'affaire !

Leur point de concentration sera Gavarnie.

Gavarnie-Cauterets, désormais centre des Pyrénées pour les montagnards touristes. Et non plus Luchon.

La balance a achevé de basculer ; le renversement de situation est complet. Moins haut de quelques mètres, mais si étrange, le Mont-Perdu prend sa revanche sur la Maladetta.

II

AVENTURE DE BRIGANDS.

Il y avait au Ministère de la Marine, bureau de la solde, où il vérifiait des décomptes, un « commis principal », Lequeutre (Alphonse-Adelson-Hippolyte-Hyacinthe), né à Paris en 1829, fils d'un peintre, entré au service en 1847, qui ne connaissait nullement la montagne et ne semblait pas taillé pour la pratiquer : de santé douteuse, le teint pâle

comme le lait, le cheveu rare, fin et décoloré, la poitrine
angoissée. Vers quarante ans il eut besoin des eaux et se fit
envoyer à l'hôpital militaire de Barèges (on le trouve au
Pic du Midi en 1867), où il revint depuis presque chaque
année. La passion des Pyrénées le prit, d'autant qu'il ne
connaissait pas autre chose. Il se mit aux ascensions et se
révéla marcheur foudroyant. A en mourir (pas immédiatement : mais l'excès de fatigue est un alcoolisme, un poison
qui s'accumule, longtemps inaperçu, dans l'organisme : à la
première apparition du mal tout est irréparable).

L'employé obscur allait devenir une célébrité pyrénéiste.

Rapidement il fut au courant des grandes courses à la
mode : Ardiden, Vignemale, Taillon, échelle de Tuquerouye
(la voici sous son vrai nom) dont il fut un habitué, Mont-
Perdu et Cylindre faits d'un seul coup avec Chapelle, que
le comte Russell, avec qui il s'était mis en correspondance,
lui avait indiqué pour guide. Reçu à la Société Ramond
il donna au *Bulletin* des itinéraires nouveaux pour passer
de Gèdre à Barèges par la montagne, etc.

Lequeutre a ceci d'intéressant : avec Peytier il représente
aux Pyrénées l'élément parisien pur !

Sans transition, il passa de l'asphalte des boulevards à la
corniche de Troumouse et au sommet de la Munia (quatrième
ascension) : même, au retour, cueillant au passage
l' « inaccessible » pic Gerbats (vingt minutes), cette tour
semblant une construction romaine et qui est à la crête
de Troumouse ce que le Casque est à la crête de Gavarnie
(14 septembre 1869); puis allant de Héas prendre le pic
d'Allanz (deux heures cinq de la base au sommet; cheminée,
inclinaison 60°, sans danger si l'on n'a pas le vertige :
Lequeutre ne l'eut jamais).

Le fameux mauvais pas de Troumouse, c'est par lui qu'on
en connaît exactement la contexture : « *on contourne
l'intérieur du cirque sur des anfractuosités de rochers*

ayant de trois à quatre doigts de largeur : à droite un abîme de neuf à douze cents mètres. Bientôt l'on a mieux que cela, comme dit Chapelle. Quinze ou seize dalles juxtaposées forment un chemin large de cinquante à soixante centimètres, long de huit mètres ; à droite, abîme vertical de douze cents mètres tombant à pic sur le cirque, à gauche abîme vertical de huit à neuf cents mètres tombant à pic en Espagne. La roche est solide : il suffit de fixer toute l'attention dont on est capable sur l'endroit où l'on va poser le pied. Sous le pic de Troumouse on recommence la corniche, enfin l'on atteint la crête terminale, et par une facile ascension le sommet de la Munia ».

Ayant vécu dans l'administration, Lequeutre, sans être écrivain, sans savoir composer et restreindre un récit, a l'habitude d'écrire pour dire simplement des choses nettes. Il n'a point de comparaison, admire un peu tout sur le même plan, en myope qu'il est. Mais si sincère, si méticuleusement exact ! Il est l'homme qu'il faut pour rédiger un guide.

Or toute course importante faite désormais est un élément du futur guide définitif des Pyrénées.

Sans avoir le charme des primitifs, la poésie des pages révélatrices, ce sont ces descriptions détaillées, minutieuses, de la littérature pyrénéiste secondaire qui nous donnent réellement l'aspect des lieux : c'est une nouvelle littérature, *corroborative*, insistante ; c'est elle qui nous fera entrer de force les Pyrénées dans la tête (il faut frapper plusieurs fois sur un clou pour l'enfoncer). Lequeutre y a excellé.

En 1870, au retour d'une course de cinq jours au Taillon, au Marboré, au Vignemale et au Pic Long, il ascensionne un pic voisin du Bergons, le Maucapéra (le Mauvais Curé) : mauvais en effet, redouté des chasseurs d'isards. Il le fait seul, obligé de se mettre pieds nus pour escalader des schistes glissants; touchant le sommet de la main parce qu'il est trop effilé pour y poser le pied; pris par la nuit, couchant sous un rocher après avoir consommé la moitié de ses maigres vivres; le lendemain achevant sa pitance, faisant de l'équitation sur des crêtes, et après une gymnastique « insensée » descendant, ivre de soif et « hurlant de joie », au lac. Horrible ascension d'un pic absurde : deux mille sept cents mètres. Pour le prix on ferait un Weisshorn. Lequeutre, d'ailleurs, sera le premier à « déconseiller » le Maucapéra.

Peu après, il fait à Gavarnie la connaissance du comte Russell, qui ne donne pas son amitié à tout le monde, mais est irrévocablement conquis par la modestie résolue du nouvel arrivant. Lequeutre, très doux et simple, fut sympathique à tous, très estimé et aimé.

Russell propose une course superbe, encore presque l'inconnu : passer de Gavarnie à Luchon par l'Espagne, en essayant, chemin faisant, le Coticilla par Saravillo. On prend Henri et Célestin Passet, on prend des vivres pour plusieurs jours, car en Espagne, dit Russell — dont nous suivons le récit, mais il y a une relation de Lequeutre — « il faut souvent vivre d'air, de pain et de résignation »; on part par un soleil superbe, on passe le port de Pinède (le vrai) : « l'Espagne est aussi claire que l'Inde au mois de mai, la vue plonge jusqu'aux pics catalans grillés par le soleil, qui mouille et fait ruisseler, à droite, les glaciers et le dôme du Mont-Perdu, tandis qu'en bas on voit languir, tourner, étinceler et s'arrêter la chaude et paresseuse rivière Cinca »; on descend dans la vallée de Bielsa « qui ne ressemble à rien; rectiligne, presque horizontale »; on passe à « l'hospice » de Pinède « ainsi nommé bien qu'on n'y trouve ni homme, ni pain, ni

vin ; à la nuit on est à Bielsa. Le lendemain, par chaleur
tropicale, rude et brûlante montée : « la terre brûle sous
les pieds et nous ne disons mot ». Saravillo. Des sommets
brûlés, nus et sauvages, dessinent vaguement leur silhouette
grise sur un azur implacable : c'est le Cotieilla. Ascension.
Description superbe, par Russell, de ce pic « sans pareil
dans toute la chaîne des Pyrénées ». C'est un pays vraiment
maudit : « la voix du vent lui-même a quelque chose de
sombre, sur ces plateaux inhabitables et monotones, où un
chameau pourrait mourir de soif et qui doivent ressembler
aux déserts tourmentés de la lune ; l'effroi y règne
partout. » Le jour baisse. Sommet à huit heures : il faut y
passer la nuit, glaciale. Mais le lever du soleil, merveilleux :
du pays basque à l'Andorre, tout apparaît, et au Midi
« assez de plaines pour en faire un royaume ». Descendue
à l'abri d'Armenia, mourant de soif, trouvant avec joie une
source, la caravane vient bivouaquer à une cabane
abandonnée, dans une forêt de sapins voisine du col de
las Coronas. Les guides couchent en plein air, les deux
voyageurs, dans la cabane. A minuit, Russell se sent saisir
le bras par Célestin : des brigands sont là, devant la porte :
Russell et Lequeutre sortent et se trouvent en présence de
quatre hommes armés jusqu'aux dents : Russell essaie de
parlementer : pour réponse un coup de feu et le sifflement
d'une balle. Inutile, la nuit, de chercher à faire front : il
faut fuir, chacun pour soi. « A l'instant, dit Russell, nous
disparûmes comme par miracle. » Célestin s'échappe, Henri
grimpe sur un arbre ; Russell sautant sur son sac et prenant
une fuite « vertigineuse » descend d'un trait, la fièvre au
cœur, à Plan, où il prévient les autorités. Lequeutre, moins
heureux, va donner dans une clairière ; dénoncé par le
clair de lune, pris, terrassé, dépouillé, il demande avec
calme qu'on lui laisse son gilet de flanelle et qu'on lui
octroie une cigarette. Henri descendu trop tôt de son arbre

est saisi : on lui prend sa montre, et on la lui rend, mais
on lui met la hache sur la tête pour lui faire dire où est la
mallette (la valise). Enfin les bandits se dispersent : Célestin
ayant rôdé toute la nuit, revient à la cabane. Les quatre
voyageurs sont réunis au Plan à sept heures.

Mais, au fond, les plus molestés furent les brigands,
arrêtés, tenus en interminable prison préventive, et
sévèrement condamnés : l'un d'eux en eut pour treize ans
de présides, avec — ce qui est d'une douce ironie —
deux cent vingt-cinq francs de dommages-intérêts à payer
à Lequeutre....

Cette grave affaire fit dans le monde spécial une sensation
de tous les diables. Des récits en parurent dans le *Bulletin
Ramond*; l'*Alpine Journal* voulut accompagner son article
d'une illustration, pour laquelle il demanda à Russell une
photographie de brigand aragonais. Russell n'avait pas
sous la main cet article peu commun. Mais une idée
facétieuse lui vint : il avait sa propre photographie en
costume espagnol, faite après un bal déguisé... il envoya à
la revue anglaise le terrible brigand demandé....

C'est après cette course que Russell monte au Vignemale
par l'Ouest, par Cerbillonas — côté superbe et farouche,
aux impressionnants abîmes — et fait sa troisième du pic
d'Ossau.

III

LES GUIDES DE GAVARNIE. — HENRI PASSET.
LES GORGES DE RODEILLAR.

En 1871, très forte campagne de Lequeutre (*Bulletin
Ramond*).

Dès le 3 juillet il essaie le Balaïtous par Arrens, avec
Henri Passet : il est malade, sans forces, ne mange pas, a

les jambes tremblantes et pense à se refaire à Baréges en
prenant des bains avant l'ouverture de l'hôpital militaire :
néanmoins il persiste; mais par la faute de son second
guide — un occasionnel d'Arrens qui a cependant accompagné en 1870 l'ingénieur Peslin — il échoue au Nord sur
le « petit Balaïtous ». — D'Arrens, à Cauterets, par le lac
d'Estaing. De Cauterets, pic d'Enfer, par le Nord, et
description de la vue merveilleuse. — Des bains de Panticosa,
Gavarnie par le col de Tendénère : première relation
française; l'on y voit paraître « le cirque sombre et sauvage
de Tendenera, dont les grandes murailles se dressent à
pic. Très beau, mais cependant secondaire ». (Cette année,
1871, Packe monte, facilement, au sommet du pic de
Tendénère : encore une des clefs des Pyrénées aragonaises).
Descente sur les herbages superbes du val d'Otal, Boucharo,
vallée « d'Arras » (première vulgarisation en français);
vue du Cotatoire, du pas de Salarous que les contrebandiers
franchissent à l'aide de cordes : la cascade, la clairière et
la dernière grange. Superbe! Emerveillement! Rentrée en
France par les Espécières.

Le 5 août, départ de Héas avec Chapelle : brèche de
Tuquerouye : « vue plus belle que les vues d'où l'on voit tout
et d'où l'on ne distingue rien »; col de l'Astazou, Gavarnie.

Le surlendemain, Lequeutre se donne le plaisir de
conduire au Vignemale le brave Chapelle, qui ne le
connaissait pas, et qui est « ravi ».

Ici Henri Passet propose une nouveauté, une merveille
inconnue des touristes, dont Lequeutre a d'ailleurs entendu
parler par un chasseur de Baréges nommé Castets.

Cet Henri Passet prend décidément figure de guide
extraordinaire. Il est guide, d'une vigueur, d'une sûreté
exceptionnelles, mais en même temps il est touriste : il se

conduit lui-même à la découverte. Il se fait faire des
courses nouvelles, puis il conduit les touristes, qui, à leur
tour, vont l'emmener dans leurs excursions plus lointaines,
hors de son centre d'opérations, de ce cirque de Gavarnie
(qu'on pourrait appeler le cirque Passet!). C'est la tache
d'huile : Henri arrivera ainsi à s'étendre sur toutes les
Pyrénées. L'ère mémorable des grands guides de Gavarnie
commence; déjà, avec Henri, fils de Laurent, son cousin
Célestin, fils d'Hippolyte, est renommé, et son beau-frère
Pierre Pujo, et Brioul.

Donc, départ le 8, port de Gavarnie, coucher à Boucharo.
Le 9, Torla — où l'on prend un Espagnol de renfort :
Miguel Bon — et toujours droit au Sud : Broto, Fiscal;
vallée du Rio-Ara devenu une rivière large et paresseuse.
Ici une page à la Tonnellé.
Pays de plus en plus désert et calciné. Villages misérables. « La terre meurt de soif et nous aussi ». San-Felices.
Plateau à onze cents mètres : vue admirable du Mont-
Perdu, du Cotieilla, de la Sierra de Guara. A six heures à
la venta de Fugola : on pourrait y venir de Gavarnie en
onze heures. Poulets, jambon, œufs, lits très propres :
pour trois personnes quatre francs cinquante. Le 10, départ
à cinq heures du matin après bouillon d'*of meat* : le sol
s'abaisse, sources bonnes et fraîches, villages rapprochés,
apparence désolée du pays, rivières à sec, tout est calciné :
du buis, des ajoncs, des genêts épineux, des chardons
rouges, bleus, jaunes. Letoxa. Le rocher reparaît, gris ou
rougeâtre. Une coupure de muraille laisse entrevoir un
large précipice. — Superbe ! dit Lequeutre. — Ce n'est
encore rien, dit Passet, attendez tout-à-l'heure. Et voici ce
que Lequeutre, se trompant de nom, appelle le *Barranco
del Fonde;* c'est le fameux Barranco Mascun :
« Nous approchons du bord de cet abîme où nous

distinguons des tours, des forteresses, des arcades, des
aiguilles de vingt, trente, cent mètres de hauteur sur trois
ou quatre mètres d'épaisseur à la base : tout cela tantôt
gris, tantôt rouge; des cavernes à chaque pas. Cette
montagne coupée à jour est la plus étrange chose qu'on
puisse imaginer. Au premier tournant du chemin, les
obélisques et les arcades les plus invraisemblables se
multiplient. Nous descendons au fond; et l'on se trouve
tout-à-fait hors du monde. La coupure a environ trois cent
cinquante mètres de profondeur, les bords supérieurs se
rejoignent presque dans certains endroits, la muraille offre
d'immenses abris et parfois une arcade laisse passer le jour.
C'est étrange, majestueux, féerique comme une montagne
des mille et une nuits.... »

Lequeutre fait entrer dans le pyrénéisme les célèbres
gorges de Rodeillar!

Il remarque la fontaine, remplie de cresson, où l'eau sort
d'une caverne : lieu impressionnant; des gens qui passent
sont tout de suite « de mauvaise mine ». Ce sont des
paysans endimanchés qui vont à la fête!

A Rodeillar (Rodellar) à midi. Départ à trois heures, le
long du rio Alcanadre. Col de la Peonoria. Gîte à Yasso :
dîner convenable « qu'on n'attend que deux heures et
demie »; chambre propre. — Le 11, départ d'Yasso, voici
la plaine : on bat le blé. Huesca, visite de la ville. — Le 12,
à midi, départ sur l'impériale de la diligence des bains de
Panticosa : sept mules et un cheval, grand train, les montées
se font au galop. A trois heures, Ayerbe, rentrée dans la
montagne : portail de calcaire rouge près de Santa-Engracia;
Jaca. — A deux heures du matin, Viescas. — Le 13, à pied,
après bon déjeûner, gorge du Gallego, traversée du village
d'Escarilla : au Nord belle vue sur la Peña Foratata.
Sallient : excellent dîner, prix modérés. — Le 14, par le
port de Peyrelue, aux Eaux-Chaudes. Vite, s'aboucher avec

Orteig pour faire le Balaïtous. Orteig, pris pour le surlendemain, ne peut disposer que d'un jour.

Le 15, avec Henri Passet et Orteig, Lequeutre fait le Balaïtous en vingt-quatre heures, d'une heure et demie du matin à une heure cinquante du matin. A quatre heures cinquante du matin, Gabas; dix heures vingt, col d'Arrémoulit; deux heures quinze, par l'arête Ouest, le « terrible » sommet; quatre heures, rocher du Déjeûner, brouillard; six heures quinze, col d'Arrious; sept heures quarante-cinq, la route; neuf heures cinq, Gabas : dîner.

Cette course classe Lequeutre marcheur « redoutable ». Il a désormais une auréole : « l'homme qui a fait le Balaïtous en un jour, des Eaux-Chaudes ».

Le lendemain, très étonné de ne pas être fatigué, il va coucher à Pau.

Le 26 août, Lequeutre prend à Héas Henri Passet, qui lui fait monter Tuquerouye, tourner le lac par la droite, où il croise les trois ingénieurs Michelier, d'Ussel, Peslin, venant du lac d'Orédon et montant au Mont-Perdu par l'Astazou (d'où récit de Michelier dans le *Bulletin Ramond*. Cette région Nord du Mont-Perdu devient une voie publique, une place de la Concorde : « Concordiaplatz » dirait-on aux Alpes !) et atteindre le Marboré par le flanc Nord du Cylindre (ceci, assez délicat d'exécution). Retour par la corniche Sud du cirque, le col des Isards, et le « mauvais pas » sous le Casque. « Henri me dit : si vous vous sentez fatigué, si vous hésitez, il faut changer de direction, car ici je ne puis vous être d'aucun secours; il n'y a que le pas de Salarous qui soit pire; chacun est ici pour son compte. » Lequeutre passe avec assurance. « Pourquoi avez-vous hésité tout-à-l'heure sur des rochers moins difficiles? » demande Passet. « Parce que je suis très myope; ici les rochers sont blancs, je les vois bien : là-bas

ils étaient sombres et je distinguais mal ». Quels yeux de
montagnard!

Pour finir : le Taillon.

Au sommet du Balaïtous, Lequeutre avait noté : « D'ici
le pic Pallas paraît bien petit ». Mais tout pic dominé
seulement de dix mètres n'est plus rien. Le « cocodès » cité
par Bertall l'a dit : les pics n'existent que d'en bas. Le
Pallas — Cuje-la-Palas — cependant est une réalité, même
assez dure. Un anglais en fait l'épreuve, il y monte en
1871 avec Orteig, dans une difficile ascension regardée
alors et depuis comme « première ». Or, que trouve-t-il au
sommet? Il le dit dans une lettre au comte Russell
(*Bulletin Ramond*) : une tourelle! Le signal élevé par
Peytier, Hossard et leur équipe d'ouvriers, quarante-six ans
auparavant, alors que, se trompant de pic dans le
brouillard, les deux lieutenants avaient fait le Pallas pour
le Balaïtous; le signal de second ordre visé dans les
opérations géodésiques....

Mais les noms des officiers étaient dans l'oubli complet.

WALLON

I

RUSSELL A LA « TERRASSE BELLE-VUE ».

Russell, dans la campagne de 1871, fait visite au pic de
Sesques, avec « le vénérable Camy » des Eaux-Bonnes.
Le plus clair de l'ascension est que de là il s'excite fort
sur un pic aperçu en face, en Espagne : « austère,
babylonien, énorme cylindre de marbre, forteresse où la
neige se dessine en assises ». Le Bisouri (Visaurin). Voilà
un pic marqué pour être conquis !

Ayant couché à la brèche de Roland, il monte au
Mont-Perdu par la corniche du cirque, le mauvais pas où
bientôt va venir Lequeutre, et qui est ici qualifié — avec
atténuation, comme toujours — : « un *assez* mauvais pas
quelquefois », et le col des Isards.

Deux jours après, avec Célestin, allant franchir l'arête
descendante de l'Astazou un peu au-dessous de la brèche
Passet, il descend sur le glacier de la Cascade — toujours
étonné, malgré son expérience, par les proportions colossales
des détails du cirque. Entamant une montée facile, grâce
à un état excellent de la neige « superbe et dure, sur
laquelle courait tristement, à deux heures, la grande

III   10

ombre des nuages » — les dernières pentes, toutefois, raides,
et devant être périlleuses avec de la glace : à part cela le
glacier est inégal et bosselé, de sorte qu'on s'arrêterait vite
en cas de chute, on roulerait tout au plus de cent mètres
(*sic*), — il atteint, suivi des yeux par les touristes postés
devant l'auberge Palasset, le col de la Cascade, et descend
par la Brêche à Gavarnie.

« *Gloires de Gavarnie!* » conclut-il, « *c'est avec amour
que chaque année, depuis les jours déjà lointains de mon
enfance, je reviens voir ces lignes superbes, ces déserts
dans les nues, et ces amas neigeux de pics, de dômes,
de terrasses, où l'harmonie sort partout du chaos : ce
Cirque est un miracle.* »

Registre du Néthou : 9 août : « *Comte Henry Russell
(quatrième fois). Monté tout seul ici. Temps horrible.
J'ai très faim. Monté par le haut du glacier. Il neige.
Brouillard intense. Oh! ma précieuse boussole, que
ferais-je donc sans toi! Quelle solitude! personne!* »

Ceci n'est pas précisément gai.

Nous sommes ici un mois avant la terrifiante ascension
décrite par Liégeard (La veille sont montés M. et Mme Marcel
Dieulafoy). Russell, lui, a dit : « C'est un grand mot que le
Néthou. Idées puériles, illusions radicales. Il est bien clair
que l'habitant des plaines doit avoir le cauchemar quand
il gravit un pic quelconque, mais ce n'est pas pour lui que
sont écrits les récits d'ascension. A parler aux vrais
montagnards des périls du Néthou on s'expose à leurs
sarcasmes. Cette ascension, faite à trois ou quatre, est une
des plus faciles des Pyrénées ».

Exécution en règle! (Revanche du Mont-Perdu!)

« Il n'y a de danger que si l'on est seul, à cause des
crevasses. »

Et voilà pourquoi Russell est parti seul et par mauvais

temps. Sur les grandes neiges, s'avançant avec circonspection, sondant du bâton « à tour de bras » dans des passages critiques, et obligé de traverser en se fiant à un pont la grande crevasse large de cinq mètres : « ces dangers sous les pieds, ces vides qu'on ne voit pas, donnent des terreurs superstitieuses quand on est seul ». Il a toutes les émotions qu'il est venu chercher.

En passant au port de Vénasque il s'écrie : « Quel beau climat! *S'il y avait un hôtel* il serait toujours plein ». Horreur! Dieu préserve les Monts-Maudits d'un *Hôtel de la Maladetta*, d'un *Restaurant du Néthou* et d'un *Café du Trou du Toro!*

A cette époque, le premier registre déposé au sommet du Néthou est entièrement rempli et est remplacé. Le premier registre, Russell va bientôt le publier (dans le *Bulletin Ramond*).

Puis, ayant couché à une des auberges du Lys, montant seul à la rue d'Enfer, continuant l'ascension du cirque du Lys (chutes de pierres : il est épouvanté), passant le col Crabioules (*comme on est bien ici!* dit-il avec volupté), il va revoir son aimé lac de Litayrolles, encore au trois quarts gelé. « Tout ressemble au Labrador, malgré le beau soleil qui brille partout, comme l'immortalité sur les tombeaux ».

En juin 1872, jolie tournée dans l'Ariège : Vicdessos; ascension aux lacs, peu visités, de Bassiès; puis dans des conditions superbes, avec la neige à dix-huit cents mètres, le Montcalm et la Pique d'Estats. A l'aspect de « la tour assez massive qui résiste là depuis une cinquantaine d'années aux vents et aux orages », Russell envoie ici, aux officiers dont il ne sait pas le nom, un salut émouvant (« *En vérité, il fallait du courage* »).

Redescendu « au triste et monotone niveau des villes et

des campagnes », le comte Russell a une agréable surprise:
non seulement les gendarmes ne lui demandent plus son
passe-port, mais encore le brigadier de Vicdessos, le maire
et l'adjoint viennent lui dire adieu. « *Si c'est la République
qui a fait ce miracle, elle a du bon* ».

Le mois suivant, à Gavarnie, Russell est pris d'une idée :
refaire le Mont-Perdu par l'itinéraire de Ramond.

Les exemplaires des livres de Ramond sont rares.
Russell ne connaît encore qu'un des trois écrits, les
Voyages au Mont-Perdu (il n'a pu lire in-extenso les
Observations et le *Sommet du Mont-Perdu* que bien plus
tard, en 1898). Il se trompe, ne sachant pas que la
troisième fois Ramond est passé, non par Tuquerouye,
mais par le port de Pinède. Le 3 juillet, avec Célestin
« jeune et vaillant », il va faire connaissance de cette
Tuquerouye fameuse, la monte aisément en quarante minutes,
fort étonné des cinq heures qu'y avait mises Ramond (la
seconde fois : mais on oublie toujours que la première
ascension faite en deux heures avait été qualifiée par
Ramond : un jeu). C'est au tour du célèbre Russell,
débouchant sur la brèche, de s'exclamer, écho au cri de
Ramond après trois quarts de siècle : « *Vue fantastique au
Sud : cinq cents hectares de neige étincellent devant vous,
on a de la peine à se croire en Europe, ou même sur
notre planète. Le lac, invisible sous la neige, sauf une
ligne liquide, d'un bleu comme il n'y en a pas d'autre
dans la nature : de temps en temps les glaces crépitent et
se disloquent.... »*
Ici, nouvelle idée de Russell, et qui est bien dans sa
manière : varier l'itinéraire de Ramond ; au lieu de
descendre pour remonter au col de Niscle et de là au pic,
marcher droit à la base du pic sans descendre, en coupant
u court par les parois « formidables » du cirque de Bielsa.

Il traverse donc ces « scabreux et superbes précipices » des Parets de Pinède, « c'est colossal et très peu rassurant », et à sept heures, sur un roc, s'apprête à passer la nuit, lorsque dans la vallée éclate une fusillade. Packe y chassait. Russell, aussitôt, de se figurer que son ami manque de vivres, meurt de faim et appelle au secours, et de descendre immédiatement dans la vallée où il trouve Packe et ses compagnons en parfait état et « engraissés ». Nuit en forêt près de la cabane de Fourcaral. Le lendemain Russell reprend l'ascension avec Célestin et à midi, facilement, arrive à la base du glacier du Mont-Perdu (glacier de Ramond); c'est là que Ramond avant d'attaquer le glacier, avait noté la « terrasse supérieure ».

Site tellement merveilleux, que Russell décide de passer la journée et la nuit sur cette « terrasse Belle-Vue », la vallée de la Cinca sous les pieds. Et voici l'équivalent de l'émerveillement de Ramond sur le promontoire à l'Est de Tuquerouye : la situation est identique. « C'est d'une splendeur inouïe. On est si haut sur cette plateforme que tout a l'air de s'enfuir sous les pieds comme si le monde sombrait : peut-on s'imaginer ce que fut le coucher du soleil par une superbe journée d'été en pareil lieu? c'était indescriptible. Au Nord les nuages de France essayaient de monter, mais débordaient à peine à la frontière, arrêtés là par un souffle insensible. Quelques flocons roses et légers flottaient pourtant à l'Est sur l'Aragon. Dans les entrailles du monde neigeux qui nous cernait, on entendait parfois des plaintes.... C'était la glace qui avançait en glissant sur les rocs, comme l'aiguille éternelle d'une horloge.... Tout près de nous murmurait bruyamment, mais en rentrant lentement dans le silence à l'approche de la nuit, le ruisseau cristallin et glacial qui s'échappait des neiges par une caverne toute bleue. Enfin, à l'O.-S.-O., la brise nous apportait les gémissements d'une grande cascade tombant des blanches épaules du Mont-Perdu... Onze izards vinrent bondir sur la neige... quelle grâce et quelle agilité? »

Russell, lui, jouit d'autant plus de la vue, qu'il peut détailler les pics par leurs noms.

Le soir, il fit froid, le vent descendait glacial. « Il n'y avait plus d'illuminé que trois sommets; le Cotieilla, le Posets et la Munia mirent longtemps à s'éteindre.... »

Il s'allongea dans son sac, entre deux blocs. « *Quelles sont belles et mémorables, ces nuits d'été passées sur ces montagnes! Il semble, en vérité, que ce soit le seul plaisir que les années n'émoussent jamais!* » Là, il ne faisait pas froid : la roche dégageait lentement le calorique absorbé pendant le jour.

Au matin, pour la quatrième fois, après Rondo et Laurens, après Ramond, après Packe, le Mont-Perdu était pris par l'Est : vallon sinueux, dédale de coupoles arrondies, trompeuses, faux Monts-Perdus.

Descente rapide. « Pour varier les plaisirs, nous prenons le glacier du Taillon, pas encore crevassé, de magnifiques glissades nous mènent en bas, nous quittons enfin les neiges au bout de dix grandes heures, ayant fait vingt kilomètres en plein été sans toucher terre. »

Et Russell répète avec Ramond : « il faut venir au Mont-Perdu, même du Mont-Blanc ».

Ici une course de Russell, que lui-même appelle insensée.

Saisi du désir de faire un coup glorieux en découvrant une voie plus directe que la brèche Passet — c'est-à-dire, au-dessous — pour monter de la « Baraque » du cirque de Gavarnie à la source de la cascade, et *la chose d'en bas n'ayant pas l'air tout à fait folle*, il part seul, aux Rochers Blancs pique droit au Sud, traverse la cascade de l'Astazou-Barane, et, évitant une grêle de pierres lancée par le Marboré, avise une petite arête calcaire derrière laquelle il entend bruire la grande cascade; enthousiasmé, il escalade des pentes de plus en plus à pic et bientôt alarmantes. Le brouillard le prend, mais comment reculer si près du but? Magnétisé, il se sent des ailes : *ses pieds et son bâton sont pires qu'inutiles, ils le gênent,* pour se hisser, avec les mains et le menton et à plat ventre, dans un ravin vertigineux, à lames de calcaire mouvantes et plongeant à pic sur le cirque (pour quelqu'un qui blâme les témérités inutiles, la posture n'est point mal!). Enfin, mettant le pied sur l'arête diabolique, sur la « brêche des Druides » qu'il nomme ainsi à cause de trois pierres formant dolmen, il entend sans la voir la cascade, « la folle et prodigieuse cascade » tonner dans le brouillard à deux cents mètres sous lui : mais le mur du Sud est vertical « comme les tours de Notre-Dame ». C'est la défaite! « Je n'y reviendrai plus », pense-t-il. A présent, dégrisé, il faut aviser aux périls du retour, environné d'abîmes, dans le brouillard et seul, étreignant chaque pierre « comme un naufragé », se perdant complètement dans ce brouillard, dans ce dédale de précipices, pris par la nuit.... Mais il entend le bruit de la cascade de l'Astazou-Barane, et peut se retrouver.

II

TOPOGRAPHIE OFFICIEUSE.

Présentation par Stéphen Liégeard :

« Un marcheur petit, frêle d'apparence, à cheveux grisonnants, des moustaches, cinquante à cinquante-cinq ans environ : Lézat le présente comme un coureur de montagnes émérite. Il se met à déplier de longues bandes de bristol : ce sont les profils des pics et des montagnes. Il donne des détails précieux sur les quatre routes qui mènent au Posets.

Puis il me transporte au sommet du terrible Balaïtous qu'il vient d'escalader.... »

Trait essentiel à ajouter : une vivacité et une *vibrance* toutes languedociennes.

De ce montagnard, en 1872, le *Bulletin Ramond* publiait un premier article : du haut de la Badette (le deuxième pic à gauche du port du Marcadau) il a plongé du regard sur la région désolée, et semée de lacs, du Bramatuero. Signé : Wallon.

Prodiges du pyrénéisme! Voilà un docteur en droit et propriétaire — Edouard Wallon, né à Montauban (donc, toulousain) en 1821 — qui s'avise tardivement de s'éprendre des Pyrénées, puis de l'idée de laisser une trace aux Pyrénées : les lauriers de Lézat hantent ce petit méridional pétulant, au fort accent; il veut être utile, faire œuvre durable; il se met à la trigonométrie, au levé de plans, il dessine des panoramas pris de divers sommets (pic du Midi, Piméné, Ardiden, Pène-Nère, Monné, Nère, Sauvegarde, plateau de Capvern), non pas vues pittoresques, mais bons documents, publie des « cartes-guides », et essaie une carte comprenant à la fois les Pyrénées centrales françaises et espagnoles! Comme les officiers français ne peuvent opérer au-delà de la frontière, comme les Espagnols font attendre leur carte, il faut bien trouver des opérateurs officieux, l'armée auxiliaire de la topographie.

Wallon, à cinquante et un ans, en 1872, devient passionné du Balaïtous. Il le fait par l'Est, avec son fils et les guides Gaspard et Lacoste, en un jour, d'Arrens. Son récit nous fait connaître en grand détail la montée sur le perfide glacier de Las Néous, insinuant et peu déclive au début, mais « qui se redresse sans qu'on aperçoive » : finalement, redoutable; la promenade sur la fameuse arête de glace,

l'énorme rimaye à droite, et à gauche la pente rapide du
glacier avec les crevasses qui baillent; la cheminée et la
mitraillade de pierres. Puis à la cime (« tellement ému que
je restai un moment en extase »), la forêt de pics semblant
les flots d'une mer en courroux subitement pétrifiée; et les
débris de tente, les piquets, le fourneau.

Mais il faut travailler : Wallon relève le panorama, pic
par pic.

A la descente Gaspard fils glisse, *part* sur le glacier, et
manque de se tuer : il arrive à se faire dévier sur la gauche
où des éboulis l'arrêtent.

Quinze jours après, Marmontel fait la même ascension
avec son fils : lui aussi, à la descente, part en glissade, est
miraculeusement happé par un obstacle, ce qui lui évite de
l'être par une crevasse; sauvé, mais meurtri, le nez cassé
(qu'il garda tel), il fut longtemps soigné à l'hôtel Meillon à
Cauterets.

Il devenait urgent de trouver à cette montagne féroce des
facilités, quitte à porter un coup à son prestige.

Infaisable par le Nord, diabolique par l'Ouest, dangereux
par l'Est, le Balaïtous n'existe pas au Sud. C'est-à-dire que
le Balaïtous n'est que la moitié d'une montagne, la proue,
dont la poupe entièrement espagnole est une autre
montagne, la Frondélia (Frondella) ou Montagne-Fermée.
Jadis, Peytier et Hossard s'étaient proposé d'essayer par
cette voie avec des guides de Cauterets, mais de cette
tentative, ils ont oublié de rien dire.

En 1873, le guide Clément Latour de Cauterets, chassant
l'isard sur la Frondélia, remarque une brèche par où l'on
pourrait monter au Balaïtous.

Par là, avec une facilité relative, il mène à la cime un
touriste, M. Durand.

La lutte du Balaïtous et de l'homme est terminée! Grande *corrida*, marquée d'abord par des passes de muleta superbes et de périlleuses poses de banderilles (les piquets), même avec application de *fuego* (le fourneau). Puis quelques estocades magistrales par l'Ouest et par l'Est. Mais le Balaïtous, le « monstre », touché, reste debout, comme ces taureaux qui arpentent l'arène avec plusieurs épées dans le corps. La troupe des chulos-ascensionnistes se presse autour de lui. Enfin Latour, par sa brèche, le poignarde. Le coup du *puntillero!*

Wallon est pris du violent désir de vérifier. En août 1873 il part de Cauterets: col de la Fache, vallon de Piedra-Fitta, coucher à la cabane Darré-Spumous; ascension, glacier relativement facile, exigeant que l'on creuse des pas avec le fer du bâton (pas encore de piolet); la brèche — à laquelle Wallon donne le nom de Brêche-Latour — dans laquelle se trouve encastré un gros rocher que Wallon estime, de loin, un pont possible pour traverser l'arête du glacier (retenons ceci). Sommet. Dépôt d'un registre pour les inscriptions d'ascensions. Retour à Cauterets par le port de la Pierre-Saint-Martin et la brèche de Cambalès (entre le Cambalès et le Bernat-Barraou), vue magnifique : « le Balaïtous attire surtout les regards; il se montre de la base au sommet, majestueux et terrible, et on ne perd pas un détail de son glacier criblé de crevasses ».

SCHRADER

I

L'OROGRAPHE.

Pendant que Russell monte à la Terrasse Belle-Vue, quand le massif calcaire est sillonné de touristes, l'âme de Ramond vient hanter le Mont-Perdu.

Croyez-vous à la métempsychose? Ramond revenant sur la Terre dans le corps d'un autre : rajeuni, au fait d'idées et de méthodes nouvelles, plus grimpeur, moins spécialisé sur une montagne, mais toujours passionné du Mont-Perdu et curieux de son ordonnance géologique?...

Franz Schrader est né à Bordeaux, descendant d'une famille de manufacturiers huguenots des Cévennes, et par suite d'un double mariage de sa mère et de sa tante avec deux frères, doublement parent des Reclus : donc venu au monde avec la géographie dans le sang.

Son père dirigeait à Bordeaux une sorte d'école primaire supérieure, comme un « enseignement moderne » anticipé ; vieux républicain et un des derniers sectateurs de Rousseau, il fit apprendre à son fils la menuiserie, et quant à l'instruction lui imposa comme un devoir de respect filial de ne jamais acquérir un titre ou un diplôme officiel. « On doit créer des choses réelles, ou disparaître comme inutile ». Le plus fort est que cette méthode si risquée, dans une société où les examens et les diplômes sont la clef de tout, réussit. Le jeune Schrader apprit à fond l'anglais, l'allemand, l'espagnol. Quant aux langues anciennes, objet de luxe, son père ne les lui laissa aborder qu'après l'avoir placé dans une maison de commerce : c'est ce qu'il appelait multiplier les obstacles pour forcer à mieux vaincre. Aussi, a dit depuis Schrader, « la chaux ne s'empare pas de l'eau avec plus de violence que je ne m'emparai de Rome et de la Grèce quand je les abordai vers dix-neuf ans : ce fut un éblouissement ». Au milieu de ses occupations commerciales, « odieuses », il fit de la géographie comparée, des littératures étrangères, voyagea en Angleterre, s'occupa à fond de mathématiques, et devint de première force au dessin : dessin scientifique et dessin pittoresque, aquarelle, peinture. Bref une éducation prodigieusement variée. Il n'avait jamais vu de montagnes.

En 1866 — il avait vingt-deux ans — son ami Lourde-Rocheblave le conduit aux Pyrénées.

Il les aborde par Pau, où il arrive de nuit; logé au numéro 16 de la rue Marca (donc, mitoyen avec le comte Russell qui habite le 14), le matin il ouvre sa fenêtre et sur sa gauche, au bout de la rue, aperçoit des montagnes. Coup de foudre. Il court d'un trait à la terrasse du château, « demeurant muet et stupide devant cette chose nouvelle qui vient d'entrer dans sa vie et qui va la transformer ».

Dès le premier jour ce fut l'exploration raisonnée et scientifique, dans la région de Luz : les relevés panoramiques circulaires établis *a priori* avant les ascensions, afin de se rendre compte, une fois au sommet, du nom de tous les pics; les essais de plan en relief, les aquarelles. En 1869, la région du Gave de Pau avait dit ses secrets : il fallait

penser à pousser le relief jusqu'au Mont-Perdu. En 1870,
interruption. En 1871, Luchon, pour soigner une fracture
du genou : Schrader monte au cirque d'Espingo, dont il
trace une vue schématique qui a le net et le piquant d'un
dessin de Viollet-Leduc. (Cette vue a été publiée depuis
dans l'*Annuaire du Club Alpin*).

En 1872, avec les frères Lourde-Rocheblave, Léonce
(qui avait déjà entamé un relief du Mont-Perdu), et Albert,
il monte au Pic Long — ou plutôt à sa crête, ne pouvant
aller plus haut par suite de sa fracture — pour observer
le dédale de l'Ardiden.

Mais au Sud le massif calcaire paraît avec une splendeur
inouïe : pour la première fois Schrader discerne en entier
son ordonnance grandiose; voici les Trois Sœurs : le
Cylindre, le Mont-Perdu, et à sa gauche un troisième grand
pic, invisible du Piméné et du Bergons, jamais mentionné,
sans nom. Dès lors, il le baptise : ce sera le *Sommet* —
ou le *Soum* — *de Ramond* (Ramond en personne se fût-il
mieux servi?). Et c'est encore le coup de foudre, la
passion du Marboré : *quand une montagne vous a pris le
cœur, tout vient d'elle et tout vous y ramène!* Que la
carte d'État-Major est petite pour de si beaux détails!
Que d'erreurs en Espagne, sur les relevés de Packe et de
Wallon! Les cartes du dépôt de la Guerre en sont encore à
admettre le fameux lac imaginaire du Marboré! Allons, il
faut prendre la suite de Ramond, achever « le débrouille-
ment géographique » de cette merveille!

Schrader et ses amis résolvent que, sans désemparer,
ils vont faire du massif calcaire « leur chose » (*sic*).

Sa facilité de travail aidant, Schrader estimait cela
l'affaire de *dix jours*. Or, à faire des cartes de Pyrénées
espagnoles, il en a désormais pour dix ans de travail
immédiat. Et trente ans après, à la fin du siècle, il n'aura

pas fini de modeler et de reprendre la série de ses reliefs des Pyrénées....

Mais le mauvais temps survient, tenace, tout est fini pour cette année, le bref congé de l'homme dans les affaires expire. Six semaines après, l'infortuné Albert meurt d'une fièvre typhoïde.

En 1873, Schrader revient à l'attaque, et cette fois muni d'un instrument de son invention; une machine à relever des tours d'horizon.

Prenez une planchette, maintenue exactement horizontale et portant un disque de papier. Au centre élevez un pied, portant un viseur mobile en tous sens et pouvant suivre tous les détails d'un panorama circulaire. Des mouvements de ce viseur rendez solidaire un crayon, il reportera sur le disque de papier le *tour d'horizon*, en *l'anamorphosant*. C'est tout simple.

Maintenant, mettez en œuvre les diverses lignes de divers tours d'horizon visés : de là triangles, et une longueur de base étant connue, mesures de distances. Puis les distances connues, une simple lecture de l'angle sous-tendu par un pic au-dessus de l'horizon donne sa hauteur. Et avec la répétition et le contrôle de diverses observations sur le même pic faites de stations différentes, l'approximation devient extrême.

Telle est l'arme qui, maniée par Schrader, va « faire merveille ».

Rapidité et exactitude : l'orographe est bien l'image de son inventeur; facilité de travail inouïe : mais qui dit travail rapide ne dit pas sommaire ou intermittent. Schrader travaille vite, bien, et toujours.

Le voici à Luz le 2 août, avec Léonce Lourde muni d'une chambre noire, et un autre ami, Bourdil, muni d'un appareil photographique. Ainsi armés en guerre, voilà les observateurs partant pour un « voyage au Mont-Perdu » que Schrader racontera d'abord sous ce titre :

Etudes géographiques et excursions dans le massif du Mont-Perdu, par Franz Schrader. Paris, Gauthier-Villars, 1875, brochure de 61 pages, très précieuse.

Voyage émouvant, car il est la suite directe, immédiate, des deux voyages de Ramond en 1797!

Le point de départ est Héas; le guide, Chapelle. Le portrait du célèbre chasseur d'isards est vivant : « Nous étions attendus : Chapelle, qui nettoyait son fusil sur le seuil de sa maison, accourut à notre rencontre et serra nos mains avec l'ardeur qu'il mettait à toutes choses. C'était un homme nerveux, sec, plutôt petit, et un peu boiteux, un cheval l'ayant jeté par terre (en pays de plaine, bien entendu) et lui ayant cassé la jambe. Il était sans cesse en éveil, parlant par exclamations, mêlant les mots français, espagnols, patois, et même au hasard quelques bribes d'anglais qu'il avait ramassées je ne sais où. Il n'avait pas la patience de marcher, il lui fallait sauter, courir, se lancer à corps perdu dans les éboulis qui descendaient tout d'une pièce avec lui. Rien de méridional dans sa physionomie : un grand front bombé, labouré de rides, avec de rares cheveux couleur de chanvre éternellement en désordre. Des yeux gris-pâle, un nez mince, un collier de barbe à l'anglaise. Était-il Pyrénéen? *Je n'en sais rien*, disait-il, *je ne suis qu'un loup.* Il avait été cuisinier dans sa jeunesse et savait encore à la rigueur faire une omelette, mais il lui arrivait rarement d'avoir des œufs ; sa maison était considérée comme une auberge et un jambon pendait généralement aux solives du plafond.... Les héros de Cooper m'ont paru originaux jusqu'au jour où j'ai connu Chapelle. »

Les bribes d'anglais provenaient d'un séjour à Leicester,

chez Packe, qui plein d'estime pour son guide lui avait
offert le voyage, et le tenant pour un gentleman, lui en
avait fait prendre le signe distinctif : le chapeau haut de
forme ! (On ne dit pas si par réciprocité Chapelle, estimant
Packe montagnard, l'avait coiffé d'un béret.) En Angleterre,
Chapelle avait été pris de nostalgie : il montait sur les
arbres pour tâcher de dominer le brouillard, redescendait
triste, et la nuit rêvait tout haut de Héas.

Chapelle avait eu sa cantine emportée par l'inondation et
venait d'en rebâtir une autre : il fit aussitôt à Schrader et
ses compagnons la proposition d'inaugurer le nouvel
« Hôtel de la Munia », proposition en termes vifs et en
patois — une langue qui dans son laisser-aller n'est pas sans
« braver l'honnêteté ».

Naturellement Chapelle propose la Munia — à cause du
mauvais pas du pic Gerbats « où il tient à nous faire
passer en qualité d'amis ». Mais il s'agit d'autre chose, et
quant aux occasions de prouesses, elles ne manqueront pas,
après les neiges de l'hiver passé.

(Les neiges de 1872-73 furent extraordinaires : les plus
fortes qu'on eût alors connues de mémoire d'homme. Dans
l'été de 1873 les Pyrénées étaient encore méconnaissables).

Donc au lieu de la Munia, ascension du Soum de
Port-Vieil : vue grandiose sur le Mont-Perdu, « de proportions
inattendues ». *Ramond seul a pu le décrire*, dit Schrader,
qui sait son Ramond par cœur (Schrader sera un des seuls
hommes connaissant à fond l'histoire rétrospective du
pyrénéisme) et il cite les pages fameuses. D'un coup d'œil,
la nomenclature des ports devient claire : voici le Port-
Vieil ou de la Canaou d'Estaubé, plus loin le Port-Neuf ou
de Pinède, plus loin la brèche de Tuquerouye. Après deux
heures de travail orographique, dégringolade à travers
neiges, précipices, corniches et éboulements, jusqu'au fond
du cirque d'Estaubé, où la caravane s'augmente de trois

chasseurs de Troumouse et du Père Cassagnère, desservant de la chapelle de Héas.

On monte l'échelle de Tuquerouye. « Cette ascension n'est ni très longue ni très difficile, surtout quand la neige est bonne, mais je ne crois pas qu'on puisse l'entreprendre pour la première fois sans une certaine émotion. » Voici la brèche. « Quelle vue ! Glaciers sur glaciers, neiges sur neiges, murailles sur murailles : rien n'en peut donner l'idée. » Mais on est au soir : le crépuscule recouvre déjà tout de ses teintes livides, sauf la coupole du Mont-Perdu semblable à une flamme rose. Le lac, gelé, semble un bouclier d'acier, chargé de restes d'avalanches; le froid de la nuit se répand dans l'air; silence absolu, mortel, sauf quelque crépitement de glace ou le tonnerre lugubre d'une avalanche....

Restons ! Passons la nuit ici! avaient dit en 1797 les jeunes compagnons de Ramond. Inutilement.

Aujourd'hui l'on reste; on construit un fourneau, on fait la soupe avec l'eau du lac; au clair de lune deux ombres apparaissent : des isards. Et les chansons commencent, les airs de Despourrins, le « *Superbes Pyrénées* » de *Roland* répété en chœur devant le Mont-Perdu surpris, puis Chapelle entame une « espagnolade ». Enfin, à neuf heures, on s'endort.

Dès trois heures du matin, debout : le ciel resplendit d'étoiles, le Mont-Perdu commence à blanchir. Léger repas et départ, à gauche: passage de la coulée de neige (où glissa le guide de Ramond) ; le jour augmente lorsqu'on arrive sur la terrasse : « Soudain, au moment où nous nous y attendions le moins, le sol manqua devant nous, la vue s'ouvrit exactement sous nos pieds, et tout le cirque de Bielsa nous apparut comme un gouffre tapissé de forêts noires et dominé par deux rangées de sommets s'enfuyant à perte de vue. Debout sur le rebord de cette effrayante muraille, nous assistâmes au lever du soleil. Pendant que les glaciers s'illuminaient de lueurs roses, la vallée demeura d'abord sombre comme la nuit; puis des teintes bleues vinrent se poser sur les forêts et sur les prairies, les flots de la Cinca commencèrent à refléter l'éclat des cimes environnantes, et la lumière envahit graduellement les montagnes et les vallées.... »

(Eh bien! n'est-ce pas là Ramond revenu à soixante-seize ans d'intervalle?)

Et Schrader continue : « Pourquoi faire l'esprit fort et ne pas avouer simplement que nous ne pûmes empêcher nos larmes de déborder? » (ceci, c'est du Jean-Jacques).

Et l'un des guides de dire : « Oh! ça lui arrive quelquefois, à Chapelle; *c'est comme ça, l'amitié des montagnes!* »

Chapelle, ce jour-là, n'est pas pour l'ascension du Mont-Perdu : trop de neige. Mais comme Schrader insiste : *Eh bien donc, au combat!* dit-il, et il prend résolument la tête. En une longue cordée on entame l'ascension du Mont-Perdu, fort difficile vu l'abondance des neiges : une vraie lutte de sept heures; Chapelle jurant et grognant, donnant des signes d'impatience. Un dernier couloir de neige à traverser en surplomb sur le vide. Enfin, col du Mont-Perdu et cime. Enthousiasme.

Vue des vallées espagnoles : désir de les connaître, en commençant par celle d'Arrasas.

Et cette page, à rapprocher de la page de Ramond de 1802 :

« Je voudrais, partant du Mont-Perdu, parcourir l'espace qui s'étend du Vignemale à Torla, Fanlo, Bielsa. *Il y a là des splendeurs ignorées et des formes nouvelles.* Du col du Mont-Perdu, par delà les premières montagnes, s'ouvre, à quelques kilomètres à peine, une région aussi merveilleuse que le premier plan est repoussant. Larges plateaux abreuvés de soleil, vastes ondulations de croupes lointaines, vallées brillantes, rochers plongeant à pic dans les rivières indécises, forêts, champs, prairies, villages à moitié cachés dans les profonds replis de terrain, voilà ce que l'on aperçoit ou ce qu'on croit apercevoir du haut de cet observatoire, d'où le regard plane comme celui des aigles. Ce ne sont plus les douces plaines de la France, dont la partie lointaine se perd dans la brume. C'est un pays de grande allure, de vive lumière et d'air pur. Jusqu'à l'extrême horizon tout est plein de formes nettes, onduleuses et fières, que l'Èbre adoucit sans les interrompre, et qui, plus loin, se redressent jusqu'aux limites de la Castille. La lueur dorée qui baigne les monts d'Espagne, et que la France ne connaît pas, exerce une fascination véritable dès qu'on a pu seulement l'entrevoir, et les belles Pyrénées françaises paraissent grises et ternes quand on redescend des Pyrénées espagnoles.... »

Après ce saisissement devant l'inconnu, descente par l'orage : rien de plus terrible que les trois cimes sœurs se détachant en lumière sur le ciel ténébreux. Retour par la corniche du Cirque, neiges immenses, désolation. La Brèche, après dix-sept heures de marche : fatigue intense, « affaiblissement cérébral »; obligation de passer la nuit sous un surplomb de rocher; torture de soif, pas d'eau : on remplit de neige des flacons que l'on met sous ses vêtements ; la neige ne fond pas. En brûlant le trépied d'un des instruments, on obtient quelques gorgées. Enfin un guide part à la découverte et rapporte une outre pleine d'eau : alors c'est une orgie !

(Tout ce récit est de premier ordre).

Le lendemain retour à Gavarnie. — Et dès le jour suivant le Piméné, et comme toujours, géologie d'usage. « C'est ici qu'il faut remonter après Ramond pour jeter un regard d'ensemble sur l'édifice du Marboré et chercher à en débrouiller les lignes principales.... »

II

LA CARTE DU MONT-PERDU.

Lequeutre, dans sa campagne de 1873, continue à s'instruire rapidement.

Les neiges, formidables, descendent à dix-huit cents mètres : au pic du Midi il faut rétrograder ; tout est d'aspect nouveau, le haut Marboré est presque impossible. Henri Passet propose le pic de Tendénère. Superbe ascension : le cirque de Tendénère rempli de neige ; à huit cents mètres au-dessous du pic, *les plus effrayants abîmes qu'on puisse voir*, dans ces conditions particulières. *Huit pas* terribles à faire sur une neige inclinée à quatre-vingts degrés. Pendant une seconde, Lequeutre comprit ce que devait être le vertige : quelque chose d'horrible ! Vue admirable. Description.

Passons sur le Néouvielle, fait avec Charlet, guide de Barèges.

En juillet, Henri Passet, appelé par Packe, avec rendez-vous au lac Caillaouas, prend Lequeutre au passage, à Barèges. On ne peut atteindre le lac le lendemain et l'on couche à Génos. Mais de son côté, Packe, pris par l'obscurité dans la région de la porte d'Enfer, est obligé de passer la nuit à piétiner sur un rocher pour ne pas geler. Le lendemain Lequeutre entre dans le fameux défilé de Clarabide (première description que l'on en ait), passe devant la borne avec petite statuette de sainte, la *saintette*, et parcourt le sentier périlleux sur le côté du précipice : « le moindre faux pas serait mortel » (c'est son mot ordinaire).

Au lac Caillaouas, Lequeutre trouve Packe, accompagné de Pierre et Firmin Barrau, du porteur Francisco et du

chien Wolf. L'entrevue des deux pyrénéistes, très curieuse :
Packe intimidé et craignant de ne pas être à la hauteur,
devant « l'homme qui a fait le Balaïtous en un jour, des
Eaux-Chaudes »; Lequeutre s'excusant, expliquant qu'il ne
l'a pas fait exprès, et inquiet parce que Packe passe pour
monter d'un train plus rapide que le sien....

Packe, dès le lendemain, de faire faire à Lequeutre un
gigantesque « tour du propriétaire » : monter aux Gourgs-
Blancs, col des Gourgs-Blancs, port d'Oo. Lequeutre
enthousiasmé : « vue polaire, admirable, splendide : le
Posets plus beau que le Néthou. *Le Posets vu du port d'Oo ;
le Mont-Perdu, de la Munia ou de Tuquerouye ; le Vignemale, d'Ossoue, voilà les trois grandes vues des Pyrénées* »
(il ne connaît pas encore le port de Vénasque) ; coucher à la
« cabane du fond du port d'Oo ». Le lendemain, le Posets
par Paoul : pour le premier ressaut du mur final, les guides
enlèvent Packe et Lequeutre à bout de corde : Lequeutre
trouve désagréable d'être ainsi pêché à la ligne et jure qu'on
ne l'y prendra plus. Mauvais passage. Panorama immense.
Description. Descente à Vénasque.

Vallée de Malibierne. Lequeutre enthousiasmé. « Le
comte Russell ne l'a pas assez vantée : c'est un coin du
plus beau parc qu'on puisse rêver. » Coucher aux lacs de
Rio-Bueno : abri primitif; et le camp de la faim, toujours ! Au
matin « on se secoue, de l'eau fraîche fait circuler le sang,
et ménageant à regret notre petite provision de thé pour les
journées du Malibierne et du Néthou, nous nous contentons
d'une grillade de jambon et d'une marmitée de chocolat
pendant que M. Packe va tenter la pêche de la truite.... »
Mais, dans les lacs, plus de truites ! Descente à Senet pour
ravitaillement; remontée. Le lendemain, ascension, vue du
lac Liousat : pic de Malibierne. Lequeutre enthousiasmé.
Panorama superbe. Description. Le lendemain, le Néthou,
par Erioueil; glacier difficile. Henri Passet prend le chien

Wolf dans ses bras pour lui faire franchir les rochers.
Lequeutre enthousiasmé. « Ce Néthou est bien le roi des
Pyrénées. M. Packe me fait les honneurs de la montagne.
Je reviendrai au Néthou, parcourir ses gorges.... »

(Fait capital : prise de l'ascension du Néthou par les
guides de Gavarnie. Pour la première fois, voici Henri
Passet : un peu avant est venu Célestin, avec le jeune
comte de Chantérac).

Descente à Luchon. Lequeutre pas enthousiasmé : il ne
sera jamais l'homme de Luchon, il y est mal à l'aise et
gêné. Modeste de goûts et de ressources, il ne peut pas
comprendre le pyrénéisme à la Liégeard.

Et le lendemain, à Cette, au bord de la Méditerranée.

Lequeutre enthousiasmé. « C'était merveilleusement
beau. »

Dès la fin de 1873, Lequeutre a, tout prêt, un petit
Guide de Cauterets et presque achevé un *Guide Baréges-
Gavarnie.*

Russell, 1873. Après quatre mois passés à Londres, il
débarque aux Pyrénées en septembre : on le trouve à la
hourquette Badet, sous le pic Badet, (difficile, et au sommet
duquel il aperçoit une tourelle. De qui ? De quel topographe ?)
Toute cette région, superbe de sauvagerie. Lac d'Orédon.
Lac de Cap-de-Long; Néouvielle, fait avec Célestin, par
une variante de chemin espérée nouvelle : mais au sommet
est l'ingénieur Michelier, qui est monté par la même voie.
Luchon, pic de Boum, glaciers du Lys. Le Posets par Paoul,
où moins heureux que Lequeutre, il ne voit rien : brouillard.

Une figure déjà connue et qui reparaît. En 1873, Eugène
Trutat, préoccupé de la question de l'oscillation dans la
marche des glaciers, va, avec son ami Maurice Gourdon,
planter des piquets sur le glacier de la Maladetta.

Dans le *Bulletin Ramond*, Frossard père donne une étude sur le cirque de Gavarnie; son fils Emilien publie ses derniers articles, intéressants, sur la pêche et la chasse à Cauterets.

Et à Bagnères se réimpriment encore les Hautes-Pyrénées de Jubinal!...

Cette année 1873, avec sa rapidité et sa décision de travail et bien qu'il ne dispose que de trois ou quatre jours de liberté pour achever ses études, Schrader construit sa *Carte du Mont-Perdu et de la région calcaire, levée par Schrader et Lourde-Rocheblave, au 40.000ᵉ* (donc le double de la carte des officiers; c'est le format de la *minute* de la carte d'État-Major) et faute de pouvoir payer un graveur, la grave lui-même : la Société des sciences physiques de Bordeaux la publie.

Carte admirable, faisant voir la vraie forme du Mont-Perdu et des cirques français sur lesquels on semble planer, et qui par l'éclairage oblique prennent un relief saisissant.

Ainsi dix ans se sont écoulés depuis la publication de la carte d'État-Major, et déjà celle-ci est insuffisante de dimension, et n'explique pas la haute montagne en détails assez précis pour les ascensionnistes lancés en courses scabreuses....

L'idéal, désormais, sera d'avoir toutes les Pyrénées à cette échelle et avec ce relief. Mais cela, le XIXᵉ siècle ne le verra pas.

Adolphe Joanne, qui vient de s'attacher Lequeutre pour la rédaction des nouvelles éditions du guide *les Pyrénées*, a connaissance de la carte de Schrader, appelle celui-ci à Paris, se montre pour lui ce qu'il avait été pour Elisée Reclus : l'ami qui aplanit les premiers pas. Il l'attachera bientôt à son service géographique. Le Club Alpin se fonde. Il n'y a plus qu'à marcher.

III

RUSSELL 1874. — L'ARRIEL ET LA GRANDE FACHE,
LE SUELSA ET L'ANAYET. — LE GABIÉTOU, ETC.

Et c'est à qui marchera le plus, pendant six ou sept ans
(1874-80), années les plus chargées de l'histoire pyrénéiste.

Russell sent-il que les pics sont visés et qu'il faut se
presser? Dans sa campagne de 1874 il semble qu'il a hâte,
qu'il veut être partout.

Le 2 juillet, prenant Camy à Gabas, il va coucher à la
couéba d'Arrious, au gros rocher surplombant qui est à
moitié montée du col d'Arrious. Le lendemain, au col : vers
l'Est deux pics pointent l'un derrière l'autre « comme les
oreilles d'un cheval effrayé »; le plus éloigné est l'Arriel,
ou Som-de-Séoube. Russell le conquiert, par le col de Sobe
et l'Ouest, facilement. « Le Sud et l'Est sont formidables ».

Puis de Cauterets, avec Latour, il enlève le « Soum de
Baccimaille » de l'État-Major, à qui il impose le nom plus
justifié de « Grande-Fache » (premier pic à l'Ouest du port
du Marcadau). Du col de la Fache (entre la grande Fache et
la petite) l'affaire est faite en une demi-heure, à toute
vitesse, pour éviter un orage, qu'il n'évite pas. « La Fache
était gravie, mais mes habits mirent deux jours à sécher »
(ne pas confondre avec la *Punta de Maccimañia* du
Joanne de 1858, lequel est près des bains de Panticosa : une
sorte de prologue au pic d'Enfer).

Fin juillet, avec Célestin, improvisation d'une belle
expédition, très à la Russell : partir de Gavarnie pour
passer à Luchon le long des crêtes frontières par le Sud.

Coucher à Héas et prendre cinq jours de vivres.

Sortir du cirque de Troumouse par le col des Aiguillous, et gagner, au fond du val de la Géla, la région peu connue de « la Baroude » : en d'autres termes, venir se replacer au pied de la muraille du cirque de Troumouse, mais du côté *extérieur;* coucher dans un cirque « fantastique », sous un effroyable précipice de marbre haut de huit cents mètres, vertical et lisse.

Le lendemain, pic de Baroude (Barrosa) à l'Est du port de ce nom : vue magnifique. En bas il y aurait un beau cirque espagnol à découvrir ! Il ne s'agit pas de descendre : il s'agit d'aller à Luchon de niveau ! Du pic de Baroude, s'abaisser un peu en Espagne, puis se tenant à hauteur (autant que possible, car tout de même il faut onduler fortement !) défiler à revers le long des ports de la vallée d'Aure (ports de Bielsa, de Héchempy, de Moudang); couper le val de « Trigoñero », gagner le col de las Vaccas, pénétrer dans la gorge espagnole qui descend du port d'Ourdissetou et bivouaquer à une cabane « de Pardina », sous les deux colosses Suelsa et Fulsa, en pensant à Lequeutre retenu à Paris et qui, lui, rêve du Suelsa si inconnu et si désirable !

Le lendemain, gagner le « Passo de los Caballos », large col qui unit le massif du Suelsa au pic d'Ourdissetou : par une chaleur affreuse, monter Sud, à la vaste brèche qui sépare le Suelsa du Fulsa. Derrière, l'inconnu ! Cet inconnu se trouve être un précipice aboutissant à un petit lac (un libon). Tourner à gauche sur une mauvaise crête; quelques pas « très scabreux »; s'apercevoir qu'il y aurait eu une voie meilleure ; et atteindre enfin cette cime de la Punta de Suelsa, jusqu'ici mystérieuse, une des plus fières des Pyrénées — encore une des clefs de l'orographie aragonaise — placée là, en Espagne, avec son acolyte, la Punta Fulsa, comme pour compenser et masquer la médiocrité et la ruine des pauvres pics de la frontière, comme pour « garnir ». Trouver au sommet du Suelsa... les ruines d'une cabane : le colosse avait été habité ! (Russell ne prononce donc pas le mot de « première ascension » ; c'est trop de scrupule. La vraie première n'est pas la première de fait, mais la première de mise en valeur : Ramond n'a été le premier de fait nulle part). Descendre à Plan à travers gorges et croupes, coupant le chemin qui par le col de la Cruz de Guardia, mène de Bielsa à la vallée de Gistain. Voir apparaître la grande masse du Cotieilla, se développant comme un rideau cendré ou une grande chauve-souris : « comme ces régions sont nues ! » Coucher à Plan dans l'*excellente* (ah ! du comte Russell, l'adjectif est nouveau !) Casa del Sol. — Rentrer en France par le port de la Pez : s'y perdre par la nuit et le brouillard, et être tiré d'une situation difficile par un jeune berger aragonais moyennant deux francs : arriver à Génos à minuit.

Le lendemain, Luchon.

De Luchon, peu après, coucher au port de Vénasque, à la cabane de Cabellud....

(Le voici, ce Cabellud (Cavcyoull) fameux, Francisco Cabellud, le teinturier de Vénasque, tenancier, l'été, de la cabane du port ; le borgne à la barbe en collier, doublé de son fils Paco et de son domestique *Martinn* ! Sans doute il intéressera peu les générations à venir : mais, sur le moment, quel rôle ! Tout le pyrénéisme de trente années lui est passé par les mains. Les simples excursionnistes, les occasionnels, l'ont en grippe parce qu'il représente la perception à outrance : perception du droit pour monter au pic de Sauvegarde, perception pour les *etchibos* (chevaux), perception de prix fantastiques pour une *amoulette* (omelette), un morceau de *vof* (bœuf), une *voite de patai* (pâté de foie gras, de fabrication luchonnaise), *anicèta* (anisette), ou *frés* (fraises) *au petit bimm* (vin) *blanc moscal de Saragoça* « *qué les Inglés ils en sont fous!* ».

Ses « additions » sont légendaires. Mais les baigneurs de Luchon redescendus, sa cabane — en admirable harmonie avec le site — devient pour les grimpeurs le refuge aimé, tranquille et réparateur, à la situation incomparable : Cabellud, alors, est un ami; Packe lui donne l'accolade.)

.... et départ, seul, pour le pic, encore si peu fait, de la Maladetta. De la Rencluse, Russell monte par le rocher, sur l'arête du Portillon : sous le pic, il est arrêté net, comme jadis Cordier et Bruun-Neergaard. Il faut descendre à droite sur le glacier, franchir la fameuse rimaye, la « crevasse fatale » : elle paraît fermée. Russell saute... et enfonce. Par bonheur, il a sauté loin, la vigueur de son bond le sauve : il enfonce près du bord opposé et peut se hisser à la surface; fort ému, il lâche son bâton, qui file en bas.... Du pic il n'est plus question, encore faut-il redescendre, sauter de nouveau la rimaye, sans pouvoir sonder. Evitant de réfléchir pour ne pas se démoraliser, le téméraire ascensionniste se lance à corps perdu : la neige porte bien; il retombe sur le rocher qu'il étreint.....

Où croyez-vous qu'après cela nous allons trouver le redoutable grimpeur ? A l'Entécade, tout pacifiquement. Il y accompagne un nouveau confrère « vaillant et pratique » : Wallon. Il le voit à l'œuvre « crayons et instruments en mains, sur un de ces observatoires d'où il aura bientôt fixé avec une précision mathématique la position encore douteuse de tous les pics de la chaîne espagnole ». Ce sont même les scrupules de Wallon sur la région mystérieuse des ports de Clarabide et d'Aygues-Tortes qui engagent Russell dans une nouvelle expédition.

Le 15 août, avec Firmin Barrau, aller coucher à Arreau. Le lendemain, prendre à Génos un chasseur d'isards, Exupère Tardos. Entrer dans la gorge de Clarabide : « un montagnard de première force pourrait seul s'en tirer sans un excellent guide, même avec carte et boussole; dans le brouillard, tout le monde pourrait s'y perdre ». (Russell note le sentier du haut, celui du bas avec le mauvais pas de l'Espardou, ou Paradou); coucher à la cabane du port d'Aigues-Tortes ; nuit magnifique : « Un grand brouillard dort à mes pieds et me sépare du monde ; parfois il se déchire et remonte en flocons qui s'attachent aux flancs noirs des pics énormes qui me dominent et me regardent au Sud. C'est d'une splendeur presque effrayante. Ils semblent lever la tête et doubler de hauteur. Puis tout se cache dans un brouillard impénétrable, pour reparaître soudain et se cacher encore. Ce qui frappe le plus, c'est l'étonnant silence avec lequel cela se passe. » — Au matin, passer le port d'Aigues-Tortes, en entendant tonner le canon du camp de Lannemezan; le pic des Hermittans et le Néthou surgissent « comme des Titans de glace ». Prendre sur le flanc du Batchimale, vue grandiose sur l'Espagne: au fond la Munia, le Mont-Perdu; désert partout ; risquer une descente directe, vertigineuse, sur des précipices, pour traverser au court le val espagnol de la Pez; remonter au port de Caouarère pour rentrer en France et redescendre avant la nuit à « l'exécrable auberge appelée par dérision *hospice* » de Riou-Mayou. — Le lendemain ascension du Batoua, seul rival du Lustou dans cette région : observatoire merveilleux pour étudier les pics espagnols de Gistain; et portant une tourelle (du capitaine Grandjean?)....

Et maintenant voici Russell en Espagne, à Sallient, avec Camy, et prenant un chasseur aragonais, Santiago. Le moment est venu d'en finir avec l'Anayet depuis longtemps convoité. Ce pic n'a pas trois mille, mais il est pointu. Ceci compense. « Quatre hommes le couvriraient. » Laissant à droite le val de Canaou-Roya, il attaque par l'Ouest cette « flèche de cathédrale ». A la base, *talus de rochers lisses*

et blancs, avec abîme en bas et à un angle assez
désagréable : .... nous ôtons nos souliers.... Au sommet,
cheminée raide, mais garnie d'herbe solide. Vue magnifique.
Au Sud, « le long massif de Bouquésa : *rideau de précipices*
calcaires sans un seul arbre, auquel pourtant son
effrayante aridité donne beaucoup de grandeur » : toute
la Coliarade est là d'un trait (ô la concision !). « Il y a là
des sommets de près de trois mille mètres » (ah ! ah !) « la
Peña Collarada » (à prendre !) « à l'Ouest, le *Bisouri* »
(à prendre !) « à l'Est le pic d'Enfer, avec la crête aérienne
et sauvage de l'*Arualas* » (à prendre !)

Russell termine la campagne à Gavarnie, avec Célestin,
par la prise de possession du Gabiétou. Découverte
étonnante du glacier du Gabiétou, glacier caché, à séracs,
à grandes aiguilles de glace ! Passage du Gabiétou au
Taillon : « course charmante ».

En 1874, aux Pyrénées, accident mortel, où la montagne
n'est pour rien. Le brave Chapelle, nous l'avons dit, allait
à la chasse déguisé en isard. Un maladroit s'y méprit et
lui envoya vingt-six chevrotines dans le corps. Rapporté
à Héas, où Russell le vit, il mourut résigné et stoïque. Il
eut, du comte Russell un article ému, dans le *Bulletin*
Ramond, et de Packe, sur une pierre de Troumouse, une
inscription en latin :

> *Venator quam intrepidus,*
> *Vir simplex sine fraude,*
> *Nulli qui hæc juga perlustravit innotuit.*
> *At amissi recordatus amici*
> *Hoc marmor inscribi voluit*   Carolus Packe.

Qué bol diré aco? (que veut dire ceci ?) a dû se demander
en son patois l'âme de Chapelle !

Il y eut un Chapelle II, son fils, ex-cuisinier des paquebots
de l'Amérique du Sud, qui devint guide de la Munia.

NANSOUTY

I

UN PETIT-NEVEU DE RAMOND : HENRI CORDIER.

Dans un passage mélancolique de son édition de 1854, le vieux Chausenque, après s'être souvenu « du jour lointain où le premier aspect des Pyrénées fit sur ses jeunes sens une impression qui ne s'est jamais effacée », continue tristement : « *Ils dorment sous le pic du Midi, ce savant médecin que Barèges ne peut oublier, sage penseur, ami des hommes sous des formes un peu austères, le plus ancien ami que j'eusse dans ces contrées, et sa digne compagne, sœur du naturaliste qui a gravé son nom au front des Pyrénées, en qui l'on trouvait réunies à un degré bien rare parmi les femmes, instruction, philosophie, et raison parfaite !... »*

En français clair : Ramond, pendant sa captivité et ses séjours à Tarbes, avait auprès de lui sa sœur et la maria à un médecin réputé de Bagnères : le docteur Borgella.

De ce mariage naquit une fille. En 1817, Mlle Borgella épousa le géologue Cordier. D'où est né Eugène Cordier, que nous avons vu membre de la Société Ramond : il eut pour fils Henri Cordier.

Tout jeune, Henri Cordier se lança dans l'acensionnisme avec passion. A vingt ans, ayant commencé par les Alpes (Mont-Blanc, col du Géant, grand Saint-Bernard) il vint aux Pyrénées, et en 1874 fit coup sur coup le Mont-Perdu (où sa carte fut trouvée par le jeune Saint-Saud, débutant dans le pyrénéisme, et qui venait de faire quelques jours avant le Vignemale, montée par Cerbillonas, descente par l'itinéraire du prince de la Moskowa, avec un autre jeune débutant effectuant vaillamment sa première ascension : Henri Brulle), descente par l'Astazou — le Vignemale, avec Célestin, descente par Cerbillonas — le Balaïtous, par La Bassa : son guide l'abandonna aux premières difficultés, il continua avec le berger Jean Lacoste — le pic d'Enfer, avec Sarrettes, descente à Sallent, où il se trouva avec Russell faisant sa campagne de l'Anayet : ils revinrent ensemble aux Eaux-Chaudes, en causant de montagnes et devenant amis intimes — enfin le pic d'Ossau.

Ceci est jouer les Pyrénées en cinq points. Faire en une semaine ce qu'on a mis trois quarts de siècle à découvrir ! Mais il en sera ainsi désormais. Les Pyrénées mûrissent.

Henri Cordier vient à Bagnères, fait le pic du Midi, se retrouve avec Russell qui le présente à la Société Ramond. Prié de donner pour le *Bulletin* ses premières impressions sur les Pyrénées comparées aux Alpes, le jeune homme qui conformément au précepte de son grand-oncle est venu du Mont-Blanc au Mont-Perdu, développe aussitôt : « Qui donc oserait comparer deux natures où l'unité de création ne se peut reconnaître que dans l'unité de grandeur et d'écrasante sublimité ! Ici le génie du Nord, froid, sombre, implacable, avec ses immenses plaines de neige, cette surface blanche, toujours blanche, où l'œil se perd sans fin et sans espoir ; aux pieds la crevasse, sur la tête le sérac, partout le silence éternel, coupé parfois du fracas terrible des avalanches ; là, le génie du Midi, lumineux, ardent, brûlant, parfois jusqu'à tout dessécher et à faire le désert de feu, comme l'autre le désert de glace ; avec ses immenses assises, ses gradins fantastiques où pourraient s'asseoir les Titans eux-mêmes ; en bas, le précipice profond, vertigineux, hérissé d'aiguilles et ruisselant de lumière, en haut la roche droite, redoutable, inflexible, dernier rempart des dernières assises virginales de la nature... » etc.

Mais comment cet enthousiaste a-t-il pu comparer ? Il était myope à ne pas voir à deux pas. Par le plus beau temps, il se croyait dans le brouillard ! Et il s'était jeté à corps perdu dans le pur « alpinisme » : tout au rebours de Ramond, grimpant pour grimper, pour être inscrit sur la glorieuse liste de ceux qui ont grimpé.

(Il lui en coûta cher. Trois ans plus tard, à Paris, il rencontra Russell et lui exposa des projets fantastiques sur les Alpes dauphinoises qui alors mettaient en ébullition tous les cerveaux d'alpinistes : c'était le moment où le massif du Pelvoux et la fameuse Meije magnétisaient les grimpeurs. Russell effrayé lui objecta sa myopie. Il répondit : *Oh ! je fais tant d'attention !* Six semaines après, dans l'Oisans, s'amusant à une glissade sur une tache de neige, sans entendre les cris de ses guides, il ne vit pas à ses pieds un trou béant qu'il prit pour un rocher, et fila sous le pont de neige dans le torrent : il put s'accrocher à une pierre avec son piolet.... Le piolet, mal construit, cassa au point faible produit dans le bois par le passage du clou fixant la hache. Alors tout fut fini ! Les recherches firent retrouver sous la neige dans le torrent, cent mètres plus bas, le corps du petit-neveu de Ramond.)

Un mois après le passage d'Henri Cordier sur le Balaïtous, Wallon revenait sur le fameux pic, en septembre 1874, avec les guides Latour et Casse-Latour : encore par la Frondélia, mais cette fois *sans toucher la glace*, restant sur la moraine et au dernier moment atteignant la brèche Latour par un nouveau passage (la *corniche Casse-Latour*) et franchissant cette brèche sur le gros rocher déjà noté dans sa précédente ascension.

Ainsi était trouvée une dernière facilité, et « le Cervin des Pyrénées » devenait une montagne relativement aisée, et comme un pic de tout repos, la même année où un écrivain alpiniste — d'ailleurs admirable (Emile Javelle) — soupirait un *hélas!* sur la « profanation » et la vulgarisation du Cervin des Alpes.

Encore un pic usé! C'est dommage!

Ce n'est certes pas la fin de la littérature *balaïtique*, et d'autres récits viendront. Mais désormais le Balaïtous, ce fier cheval de bataille des pyrénéistes n'est plus un cheval entier.

Il ne lui reste plus qu'à céder à des femmes, ou à être monté en hiver. Cela va venir.

II

LA STATION PLANTADE.
LA DESCENTE DU 14 DÉCEMBRE 1874.

Sans aller aux Alpes, voici dans l'histoire pyrénéiste un chapitre de neige.

La Société Ramond avait toujours pour objectif un observatoire au sommet du Pic du Midi.

En 1872, Sainte-Claire-Deville venait à Bagnères avec la pensée d'y créer une station météorologique. On lui fit remarquer qu'il retardait et que la question portait plus haut que 550 mètres. Le savant accepta avec enthousiasme le projet d'utiliser pour observatoire l'hôtellerie de Sencours.

L'inquiétude ne portait pas sur la possibilité des ascensions d'hiver ; il y avait des précédents (notamment l'ascension du chevalier de Lugo, avec une caravane, le 18 décembre 1821). Mais l'hivernage !

Les choses auraient pu rester indéfiniment en suspens. Une société peut faire des projets, pour les réaliser il faut un homme.

Deux membres de la société prirent l'affaire en mains.

L'un était l'ingénieur Vaussenat, dont on a dit qu'il fut le bras de l'entreprise. Il prépara les ressources, prêcha partout avec feu. Mais ce n'était pas encore assez !

Voici l'homme.

Sans être alpiniste et grimpeur, il est pyrénéiste, pratiquant les courses, parcourant l'extrême fond d'Azun, visitant avec Trutat la vallée de Malibierne, épris des questions d'archéologie, de paléontologie, d'exploration de cavernes, naturaliste : il vient de terminer pour le *Bulletin Ramond* une monographie des mollusques des Hautes-Pyrénées.

Ce malacologiste pour qui les colimaçons pyrénéens n'ont pas de secret est le général de Nansouty !

Le général était, de plus, ce qu'on appelle « un original », donnant dans la misanthropie. Non pas la misanthropie d'été, des citadins fatigués par les affaires ou les fêtes et soupirant après l'oxygène, la tranquillité et une retraite de quinze jours dans des cabanes, coupée de quelques repos dans des hôtels de premier ordre. Non ! mais le vrai désir de vivre seul, la grande misanthropie de stylite. L'occasion s'offrait d'être misanthrope avec gloire, le général de Nansouty la prit.

Dans l'été de 1873, les observations commencèrent à l'hôtellerie de Sencours, *station Plantade,* et au sommet du pic, *station d'Arcet.*

Pendant l'hiver 1873-74 on tâta le pic par quelques

ascensions : le général, Vaussenat, le comte de Monts (un nom à retenir), etc.

En 1874, le général s'installa à demeure au premier étage de l'hôtellerie, avec l'observateur Baylac, qui chaque jour, montait au pic.

Se laisser poser un observatoire est pour une haute montagne pire que subir les derniers outrages; c'est le suprême terme de la domestication, passer sous le joug.

Les Pyrénées virent venir le coup, et résistèrent d'un haut-le-cœur désespéré !

La belle saison passa, le dernier touriste descendit, le général resta seul avec son observateur et l'hôtelier Brau, qui s'était dévoué pour la cause. Novembre vint, et la neige. Comme dans le poème d'Hugo : *il neigeait !* Quatre mètres d'épaisseur au Nord de l'hôtellerie, d'où l'on sortit de plain-pied par les fenêtres du premier. Mais la neige tombée sur le toit exhaussait d'autant le canon de la cheminée; il s'établit un tirage forcé, la grille du foyer fondit; on ne put remédier à l'accident qu'à peu près : le gîte devint polaire, hommes et vivres étaient gelés.

Le 3 décembre, pour aller observer, établissement d'un tunnel blindé sous la neige, de sept mètres de long. Le 7, au pic, le vent renverse Baylac et Brau : les observations au sommet sont supprimées. Enfin, le 9, une tourmente se déclare. En pleine nuit, un bloc de neige brise la fenêtre du logis. *C'était prévu*, note tranquillement le général, qui bouche la fenêtre avec un matelas et allume en permanence des bougies : température : — 18°. *C'était raide* (sic). Le 12, c'est au tour de la porte d'être enfoncée, le rez-de-chaussée devient intenable. Le 13, une accalmie, mais le thermomètre, dans l'hôtellerie, descend à — 23°. La retraite est décidée.

Le 14, au matin, départ à 8 h. 45, pour Gripp (en belle saison une promenade de moins de deux heures): Brau tient la tête, Baylac suit, le général fait l'arrière-garde. Pendant les premiers pas tout est relativement aisé. Mais bientôt il faut s'engouffrer dans un océan de neige fraîche et y nager. Ceci devient inouï de durée, de fatigue, de danger. Subitement, les trois hommes se trouvent sur le bord d'un précipice de neige. *Ce fut un moment de stupeur.* On n'a que le temps de faire demi-tour et de remonter. Au bout de six heures, à trois heures de l'après-midi, on est au pont de bois. Reste le goulet d'Arizes, méconnaissable par les neiges : Brau, complètement perdu. Le général lui montre un « point de direction » : on voit pointer un chêne, un coudrier et un églantier ayant encore ses feuilles : *Et toujours se tenir sur la gauche! sinon, la culbute!* cette rondeur militaire est exquise. A quatre heures on atteint la cabane en amont du groupe de Tramesaigues. De là, quatre heures pour atteindre, à huit heures du soir, à la borne 19, la route thermale, ou plutôt ce qui est la route thermale en belle saison : présentement, un désert de neige fraîche. Extrêmes difficultés, encore quatre heures de marche. A minuit, le grand ravin, très difficile. Enfin, à une heure du matin, une maison de Gripp. On est sauvé. *Et hamd Allah!* s'écrie joyeux, pour terminer son récit, sobre et vif, le vieux soldat d'Afrique.

Et aussitôt, songeant à ses compagnons : *Ah, si la France avait seulement cinq cent mille hommes trempés comme ces deux braves gens!*

Telle fut cette descente célèbre, pendant de celle du Balaïtous par Peytier et Hossard. Descente de plus de dix-sept heures, pendant laquelle le général, qui ne mangeait plus depuis quatre jours et se soutenait avec de l'eau de mélisse, n'avait, lui aussi, qu'une idée : remonter.

Il remonta, il reprit domicile à Sencours, la construction de l'observatoire au sommet commença....

Et le général de Nansouty devint légendaire.

Le solitaire du Pic du Midi, pendant des années, fut l'hôte célèbre et aimable dont les pyrénéistes de marque recherchaient l'accueil.

Mais surtout, nul pyrénéiste n'a tant frappé l'imagination du peuple.

Le peuple, d'abord, aime les soldats. Et les soldats ont la spécialité de faire grand et simple. Leurs campagnes sont sur un pied formidable : les géodésiens, les topographes. Nansouty, lui, remonte à cinquante-neuf ans au pic pour redescendre à soixante-sept !

Voyez cette figure martiale, cet œil vif et clair, la moustache et la barbiche blanches, cette tête énergique couverte et encadrée d'un passe-montagne de tricot dont la longue extrémité vient s'enrouler plusieurs fois autour du cou. Du haut des Pyrénées elle avertit les populations des orages, prophétise les désastres imminents, l'inondation....

Le général de Nansouty semble le maître de la chaîne. C'est le dieu du Pic.

Et maintenant, au sommet des Pyrénées soumises travaillent des maçons....

TABLE DES MATIÈRES.

LILLE. — IMPRIMERIE L. DANEL.

www.ingramcontent.com/pod-product-compliance
Ingram Content Group UK Ltd.
Pitfield, Milton Keynes, MK11 3LW, UK
UKHW020246180726
13839UKWH00001B/200